中等职业教育“十三五”规划教材
中职中专会计专业“营改增”系列教材

会计岗位单项实训

罗绍明　主　编
朱传冲　房　琭　黄慧群　副主编

科学出版社
北　京

内 容 简 介

全书以一家生产企业的经济业务为基础，针对该企业经营运作的不同环节设计了出纳业务、生产业务、销售业务、综合业务四个实训，突显实训与企业经营的关联性。

本书既可作为中等职业学校会计及会计电算化专业的教学用书，也可作为会计实务技能竞赛人员的辅导教材，还可作为企业会计人员及对小企业会计有兴趣人士的参考用书。

图书在版编目（CIP）数据

会计岗位单项实训/罗绍明主编. —北京：科学出版社，2018
（中等职业教育“十三五”规划教材·中职中专会计专业“营改增”系列教材）
ISBN 978-7-03-056847-2

Ⅰ.①会…　Ⅱ.①罗…　Ⅲ. ①会计学-中等专业学校-教材　Ⅳ. ①F230

中国版本图书馆 CIP 数据核字（2018）第 048880 号

责任编辑：贾家琛　李　娜 / 责任校对：王万红
责任印制：吕春珉 / 封面设计：东方人华平面设计部

科学出版社出版
北京东黄城根北街 16 号
邮政编码：100717
http://www.sciencep.com
三河市铭浩彩色印装有限公司印刷
科学出版社发行　各地新华书店经销
*
2018 年 4 月第　一　版　开本：787×1092　1/16
2018 年 4 月第一次印刷　印张：16
字数：207 000

定价：37.00 元

（如有印装质量问题，我社负责调换〈骏杰〉）
销售部电话 010-62136230　编辑部电话 010-62135763-2041

前　言

经国务院批准，自 2016 年 5 月 1 日起，建筑业、房地产业、金融业、生活服务业等行业纳入营业税改征增值税试点范围，至此，营业税改征增值税政策在全国范围内全面推行。营业税改征增值税政策的实施，将对原营业税纳税人的会计核算产生直接影响，也将影响原增值税纳税人的会计核算。基于此，编者依据最新的营业税改征增值税政策及《小企业会计准则》编写了本书，力争体现教材的新颖性与实用性。本书的特点如下。

1. 强调岗位技能训练，体现应用型技能人才培养特色

本着理论联系实际的原则，本书以学生为主体，以提高学生动手操作能力为教学理念，设计出纳业务、生产业务、销售业务、综合业务四个实训，学生可以在仿真的岗位实训中进行操作，既有利于学生清晰地了解企业经营的运作流程，又有利于学生掌握企业经营各环节会计业务的操作方法，加深学生对小企业会计知识的理解，提高其小企业会计的实操技能。

2. 采用实训式与模块化编写模式，突显实训的针对性与可操作性

本着“实用、适用、够用”的原则，本书采用模块化教材编写模式，全书分为四个实训，每个实训中的“核算规则”规定了各实训应采用的会计核算方法；“实训要求”提出了各实训应达到的目的与要求；“相关知识”列明了与实训相关的知识点；“核算资料”列出了各实训在实训操作时可能使用到的相关资料，包括核算企业资料、供应商资料、企业客户资料、账户期末余额、预留银行印鉴等；“经济业务”详细地列明了各实训项目的经济业务内容及相应的原始凭证。

本书由广东省汕头市鮀滨职业技术学校罗绍明担任主编，由山东省日照市教育科学研究中心朱传冲、山东圣翰财贸职业学院房琭、惠州市商贸旅游高级职业技术学校黄慧群担任副主编，参与编写的人员有东莞市轻工业学校陈穗、深圳市宝安区职业教育集团第二职业技术学校牟锐、揭阳捷和职业技术学校林伟生、四川省郫县友爱职业技术学校杨琼。具体分工如下：实训一由朱传冲、陈穗编写，实训二由房琭、牟锐编写，实训三由黄慧群、林伟生编写，实训四由罗绍明、杨琼编写。全书由罗绍明统纂。

由于编者水平有限，书中不足之处在所难免，恳请读者批评指正并提出意见与建议。来信请寄：stluoming@163.com。

目　　录

实训一 出纳业务

核算规则

1. 采用《小企业会计准则》进行核算。
2. 采用收、付、转类型记账凭证填制凭证。
3. 采用科目汇总表核算形式登记总账。
4. 该企业为一般纳税人，增值税税率为17%。
5. 低值易耗品采用五五摊销法。
6. 计算数据保留2位小数。

实训要求

1. 填制原始凭证。
2. 编制各经济业务的会计分录。
3. 选用合适的方法进行错账更正。
4. 编制收、付、转类型记账凭证并装订成册。
5. 登记日记账（库存现金、银行存款日记账）。
6. 登记总账（库存现金、银行存款、其他货币资金总账）。
7. 编制银行存款余额调节表。

一、相关知识

1. 会计凭证的概念及类型

会计凭证，简称凭证，是记录经济业务、明确经济责任，并作为记账依据的书面证明。会计凭证按照填制的程序和用途不同，分为原始凭证和记账凭证。

（1）原始凭证

原始凭证，又称单据，是在经济业务发生或完成时，由业务经办人员直接取得或者填制的用以记录或证明某项经济业务的发生或完成情况并明确有关经济责任的一种书面证明。原始凭证按其来源可分为外来原始凭证和自制原始凭证。原始凭证一般包括由仓库管理员验收材料时填制的收料单、由生产人员或其他用料部门领用材料时填制的领料单、由销售部门业务员销售产品时开出的销货发票等。

（2）记账凭证

记账凭证，是根据原始凭证或原始凭证汇总表编制的，用以编制会计分录，作为记账依据的会计凭证。记账凭证按其用途分为专用凭证和通用凭证。专用凭证是指专门用于某一类经济业务的凭证，具体可按其记录的经济业务是否涉及现金和银行存款的收付关系，分为收款凭证、付款凭证和转账凭证。通用凭证，也称通用记账凭证，是指全部经济业务通用的一种记账凭证。

2. 会计凭证审核

原始凭证审核时，对于真实、合法、合理但内容不够完整、填写有错误的原始凭证，应退给有关经办人员，由其负责将有关原始凭证补充完整、重开或更正错误，更正处应当加盖出具单位印章；对于金额有错误的，应当由填制人重开，不得在原始凭证上更正。有些原始凭证，如发票、支票等，在作废时应加盖“作废”戳记，妥善保管，不得撕毁。

记账凭证审核时，如果发现未入账的记账凭证有错误，应重新填制；已入账的记账凭证有错误，应按规定的更正错误的方法予以更正。只有审核无误的记账凭证才能作为登记账簿的依据。

3. 错账更正方法

会计人员在填制记账凭证、登记账簿时必须严肃认真、一丝不苟。记账凭证或会计账簿记录发生错误，应根据具体情况按规定的更正方法进行更正，严禁刮擦、挖补、涂改或用化学药物褪色。更正错账的方法主要有划线更正法、红字更正法和补充登记法。

1）划线更正法是指用划线来更正错账的一种方法。在结账前发现账簿记录文字或数字错误，而记账凭证没有错误时，可以采用划线更正法。

2）红字更正法又称红字冲销法，是指用红字记账来冲销错账的一种方法。以下两种情况可以采用红字更正法：一是记账凭证所记金额大于经济业务的实际金额，造成账簿记录错误；二是记账后发现原记账凭证上写错会计科目名称或借贷方向，造成账簿记录错误。

3）补充登记法是指对少记金额予以补充登记来更正错误的一种方法。补充登记法适用于记账后发现记账凭证中会计科目、记账方向没有错误，但所记金额小于经济业务的实际金额。

二、核算资料

1. 企业资料

核算企业资料如表 1-1 所示。

表 1-1 核算企业资料

项目	内容	项目	内容
企业名称	广东米奇服饰有限公司	开户行及行号	中国工商银行沙溪支行（21683）
开户账号（基本存款账户）	61682674052	纳税人识别号	440162256268024
借款转存账户（一般存款账户）	61682674279	证券交易结算资金账户（专用存款账户）	61682674526
地址	中山市沙溪建设路 289 号	电话	76327586
法定代表人	韩敬冬	会计主管	郭楚怡
会计	杨欣梅	出纳	谢丽晴（440162198210252652）

备注：广东米奇服饰有限公司于 2000 年经中山市国税局认定为一般纳税人。

企业供应商资料如表 1-2 所示。

表 1-2 企业供应商资料

名称	开户账号	地址、电话	开户银行	行号	纳税人识别号
广东伟奇布业有限公司	11606313052	广州市工业大道 62 号 56672584	中国农业银行工业支行	02736	440101568268026
广东祥丰布业有限公司	41682543357	江门市江会路 172 号 82682584	中国工商银行环市支行	22472	440606498268020
广东曼琪纺织有限公司	21629413054	佛山市顺德区南国中路 64 号 83682585	中国建设银行南国支行	16063	440305307268034
中山福乐酒店有限公司	61722933067	中山市博爱路 188 号 88815566	中国工商银行博爱支行	21024	440161705268028
中山新文电器有限公司	61682674892	中山市沙溪建设路 135 号 76383127	中国工商银行沙溪支行	21683	440162307267034

企业客户资料如表 1-3 所示。

表 1-3 企业客户资料

名称	开户账号	地址、电话	开户银行	行号	纳税人识别号
广东千秋服饰有限公司	11634153054	广州市花城大道 72 号 56637584	中国工商银行花城支行	02496	440105564568023
广东秋实服饰有限公司	31676243355	佛山市福贤路 136 号 68682747	中国银行福贤支行	12532	440303443268027
广东万邦服饰有限公司	13657443035	广州市临江大道 9 号 87697282	中国建设银行临江支行	15032	440106208235036
广东千姿服饰有限公司	42934783058	珠海市石花西路 12 号 88396432	中国工商银行石花支行	32059	440506835254026

2. 期末余额

广东米奇服饰有限公司 2017 年 2 月 28 日部分总账账户期末余额，如表 1-4 所示。

表 1-4　总账账户期末余额表

2017 年 2 月 28 日

总账账户	借方余额/元	备注
库存现金	16 852.00	
银行存款	602 920.00	
其他货币资金	526 800.00	
合计	1 146 572.00	

3. 预留银行印鉴

预留银行印鉴如图 1-1 所示。

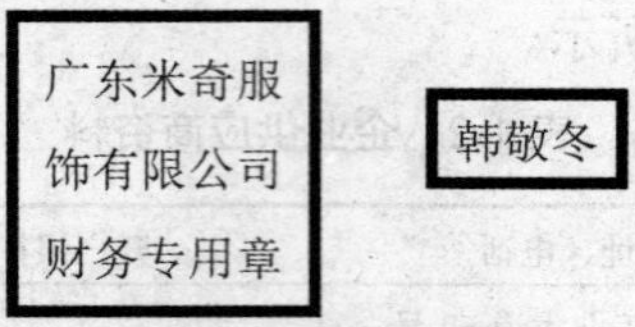

图 1-1　预留银行印鉴

三、经济业务

1）2017 年 3 月 2 日，收到转账支票一张，系广东千姿服饰有限公司支付前欠货款，如图 1-2 和图 1-3 所示。

中国工商银行支票（粤）　　　　**GS 03044031**

付款期限自出票之日起十天

出票日期（大写）贰零壹柒 年 零叁 月 零贰 日　　　　付款行名称：中国工商银行石花支行

收款人：广东米奇服饰有限公司　　　　出票人账号：42934783058

人民币（大写）	千	百	十	万	千	百	十	元	角	分
肆万贰仟壹佰贰拾元整			¥	4	2	1	2	0	0	0

用途 支付货款

上列款项请从我账户内支付

出票人签章　　广东千姿服饰有限公司财务专用章　　王德胜

密码 ________

行号 ________

复核　　记账

（a）正面

附加信息：	被背书人	被背书人
	背书人签章 年　月　日	背书人签章 年　月　日

（b）背面

图 1-2　中国工商银行支票（粤）

中国工商银行进账单（回单） 1

2014 年 02 月 15 日

出票人	全　称		收款人	全　称		
	账　号			账　号		
	开户银行			开户银行		
金额	人民币（大写）			亿 千 百 十 万 千 百 十 元 角 分		
票据种类		票据张数				
票据号码						
复核		记账		开户银行签章		

收联是开户银行交给持（出）票人的回单

图 1-3　中国工商银行进账单（回单）

2）2017 年 3 月 3 日，签发现金支票，提取现金 8 000 元备用，如图 1-4 所示。

中国工商银行支票存根（粤）

GS 01034001

附加信息

出票日期　　年　月　日

收款人：	
金　额：	
用　途：	

单位主管　　　会计

付款期限自出票之日起十天

中国工商银行支票（粤）　**GS 01034001**

出票日期（大写）　　年　月　日　付款行名称：

收款人：　出票人账号：

人民币（大写）	千	百	十	万	千	百	十	元	角	分

用途______　密码______

上列款项请从我账户内支付　行号______

出票人签章

广东米奇服饰有限公司财务专用章

韩敬冬

复核　　记账

（a）正面

附加信息：	被背书人	被背书人	
	背书人签章 年　月　日	背书人签章 年　月　日	（粘贴单处）根据《中华人民共和国票据法》等法律法规的规定，签发空头支票由中国人民银行处以票面金额 5%但不低于 1 000 元的罚款。

（b）背面

图 1-4　中国工商银行支票（粤）

3）2017 年 3 月 6 日，开出转账支票，支付前欠广东伟奇布业有限公司材料款 53 820 元，如图 1-5 所示。

中国工商银行支票存根（粤）
GS 01034002

附加信息

出票日期　　年　月　日

收款人：	
金　额：	
用　途：	

单位主管　　会计

付款期限自出票之日起十天

中国工商银行支票（粤）　GS 01034002

出票日期（大写）　　年　月　日　付款行名称：

收款人：　出票人账号：

人民币（大写）	千	百	十	万	千	百	十	元	角	分

用途＿＿＿＿＿　密码＿＿＿＿＿

上列款项请从　行号＿＿＿＿＿

我账户内支付

出票人签章　广东米奇服饰有限公司财务专用章　韩敬冬

复核　记账

（a）正面

附加信息：	被背书人	被背书人	（粘贴单处）
	背书人签章 年　月　日	背书人签章 年　月　日	根据《中华人民共和国票据法》等法律法规的规定，签发空头支票由中国人民银行处以票面金额 5%但不低于 1 000 元的罚款。

（b）背面

图 1-5　中国工商银行支票（粤）

4）2017 年 3 月 6 日，采购员李志伟预借差旅费，以现金给付，如图 1-6 所示。

借　据　No 0012031

2017 年 3 月 6 日

借款人	李志伟	借款事由	出差采购材料
借款金额	人民币（大写）：⊗拾⊗万贰仟零佰零拾零元零角零分　¥2 000.00		
负责人审批	同意 郑景成　现金付讫		

第三联　记账

会计主管：郭楚怡　复核：杨欣梅　出纳：谢丽晴　签收：李志伟

图 1-6　借据

5）2017 年 3 月 6 日，填写银行本票申请书，向开户银行申请签发银行本票，收款人为广东曼琪纺织有限公司，金额为 70 000 元，如图 1-7 所示。

中国工商银行银行本票申请书（存根）　　1

申请日期 2017 年 3 月 6 日　　　　第 02301 号

受款单位或个人名称　广东曼琪纺织有限公司　　　　本票号码　01356201

申请签发本票金额（大写）　柒万元整　　　　¥70 000.00

申请人名称：广东米奇服饰有限公司

申请人地址（或账号）：61682674052

韩敬冬　　广东米奇服饰有限公司财务专用章　　中国工商银行银行本票专用章 440162678268453

申请人签章　　银行出纳　　复核　　记账　　验印

此联由申请人签发单位或个人留存，代替记账凭证

图 1-7　中国工商银行银行本票申请书（存根）

6）2017 年 3 月 7 日，上缴 2 月未交增值税及附加税费，如图 1-8 和图 1-9 所示。

中山市电子缴税系统回单

纳税人名称：广东米奇服饰有限公司　　　　纳税人编号：440162256268024

付款人名称	广东米奇服饰有限公司	收款人名称	中山市国家税务局
付款人账号	61682674052	收款人账号	61693665075
付款人开户行	中国工商银行沙溪支行	收款人开户行	国家金库中山支库
款项内容	代扣（国税）税款	电子税票号	013262856
税种	所属期	纳税金额	备注
增值税	2017.02.01-2017.02.28	64 940.00	中国工商银行股份有限公司 中山沙溪支行 2017.3.7 办讫章 (2)
合计	—	¥64 940.00	
人民币（大写）	陆万肆仟玖佰肆拾元整		

经办：　　　　复核：　　　　打印日期：2017.3.7

图 1-8　中山市电子缴税系统回单

中山市电子缴税系统回单

纳税人名称：广东米奇服饰有限公司　　　　纳税人编号：440162256268024

付款人名称	广东米奇服饰有限公司	收款人名称	中山市地方税务局
付款人账号	61682674052	收款人账号	61682165072
付款人开户行	中国工商银行沙溪支行	收款人开户行	国家金库中山支库
款项内容	代扣（地税）税款	电子税票号	013262872
税种	所属期	纳税金额	备注
城市维护建设税	2017.02.01-2017.02.28	4 545.80	中国工商银行股份有限公司 中山沙溪支行 2017.3.7 办讫章 (2)
教育费附加	2017.02.01-2017.02.28	1 948.20	
合计	—	¥6 494.00	
人民币（大写）	陆仟肆佰玖拾肆元整		

经办：　　　　复核：　　　　打印日期：2017.3.7

图 1-9　中山市电子缴税系统回单

7）2017 年 3 月 8 日，以交易为目的，通过二级市场购入骅威文化股票 5 000 股，每股市价 24.5 元，另支付交易手续费等相关费用 178 元。委托买入交割单如图 1-10 所示。

委托买入交割单

买卖类别：	买入	成交日期：	2017.3.8
股东代码：	02845865	股东姓名：	广东米奇服饰有限公司
证券代码：	002502	合同号码：	0024392
证券名称：	骅威文化	委托时间：	13:25:20
成交号码：	00325123	成交时间：	13:36:23
成交价格：	24.50	上次余额：	0 股
成交股数：	5 000	本次余额：	5 000 股
成交金额：	122 500.00	手 续 费：	78.00
过 户 费：	100.00	印 花 税：	0.00
其他收费：	0.00	收付金额：	122 678.00

广发证券股份有限公司 中山沙溪营业部 2017.3.8 结算章 (1)

图 1-10　委托买入交割单

8）2017 年 3 月 9 日，向广东曼琪纺织有限公司采购材料一批，并以 3 月 6 日申请的银行本票结算材料款，如图 1-11～图 1-13 所示。

4408241741

广东增值税专用发票

发票联

№ 421061301

开票日期：2017 年 3 月 9 日

购货单位	名　　称：广东米奇服饰有限公司 纳税人识别号：440162256268024 地 址 、 电话：中山市沙溪建设路 289 号 76327586 开户行及账号：中国工商银行沙溪支行 61682674052	密码区	（略）

货物或应税劳务、服务名称	规格型号	单位	数量	单价	金额	税率	税额
毛料		米	1 000	34.00	34 000.00	17%	5 780.00
棉布		米	2 000	12.00	24 000.00	17%	4 080.00
合计					¥58 000.00		¥9 860.00
价税合计（大写）	⊗陆万柒仟捌佰陆拾元整				（小写）¥67 860.00		

销货单位	名　　称：广东曼琪纺织有限公司 纳税人识别号：440305307268034 地 址 、 电话：佛山顺德南国中路 64 号 83682585 开户行及账号：中国建设银行南国支行 21629413054	备注	广东曼琪纺织有限公司 440305307268034 发票专用章

收款人：张泽林　　复核：李立华　　开票人：陈红娜　　销货单位：（章）

第三联 发票联 购货方记账凭证

图 1-11 广东增值税专用发票（发票联）

收　据

No 0001141

2017 年 3 月 9 日

今收到 广东米奇服饰有限公司交来的银行本票一张。

金额（大写）：⊗拾柒万零仟零佰零拾零元零角零分（¥70 000.00）

广东曼琪纺织有限公司 440305307268034 收款专用章

会计主管：陈莉　　复核：李立华　　收款人：张泽林　　单位盖章

第一联 交付款人

图 1-12 收据

收 料 单

2017 年 3 月 9 日　　收字第 03001 号

材料名称	规格型号	单位	应收数量	实收数量	金额/元
毛料		米	1 000	1 000	34 000.00
棉布		米	2 000	2 000	24 000.00

仓库主管：陈德明　　验收：李怡华　　收料：朱永材

图 1-13 收料单

9）2017 年 3 月 10 日，购买复印纸，交行政办公室使用，以现金支付如图 1-14 所示。

广东增值税普通发票

4416641746　　（全国统一发票监制章 广东 发票联 国家税务总局监制）　　№ 121208631

开票日期：2017 年 3 月 10 日

购货单位	名称：广东米奇服饰有限公司 纳税人识别号：440162256268024 地址、电话：中山市沙溪建设路 289 号 76327586 开户行及账号：中国工商银行沙溪支行 61682674052				密码区	（略）		
货物或应税劳务、服务名称	规格型号	单位	数量	单价	金额	税率	税额	
复印纸		包	30	21.747 67	652.43	3%	19.57	
合计		现金付讫			¥652.43		¥19.57	
价税合计（大写）	⊗陆佰柒拾贰元整				（小写）¥672.00			
销货单位	名称：中山新月文化用品公司 纳税人识别号：440163443246024 地址、电话：中山市沙溪建设路 196 号 76669852 开户行及账号：中国工商银行沙溪支行 61687313156				备注	中山新月文化用品公司 440163443246024 发票专用章		

收款人：黄丽虹　　复核：谢晴　　开票人：肖联新　　销货单位：（章）

第二联　发票联　购货方记账凭证

图 1-14　广东增值税普通发票（发票联）

10）2017 年 3 月 10 日，银行代发 2 月工资 216 859 元，如图 1-15 和图 1-16 所示。

中国工商银行对公客户付款通知单

币别：人民币　　2017 年 3 月 10 日　　交易种类：支付工资

付款人	全称	广东米奇服饰有限公司	收款人	全称	
	账号	61682674052		账号	
	开户行	中国工商银行沙溪支行		开户行	
大写金额	（人民币）贰拾壹万陆仟捌佰伍拾玖元整				¥216 859.00
上述款项已从你单位存款账户 61682674052 支付。			中国工商银行股份有限公司 中山沙溪支行 2017.3.10 办讫章 (4)		（银行盖章）

会计主管：　　复核：　　记账：

此联为付款人付款通知

图 1-15　中国工商银行对公客户付款通知单

工资清单

2017 年 2 月 28 日　　　　单位：元

序号	姓名	账号	基本工资	奖金	津贴补贴	应付工资	代扣款	实发工资
1	韩敬冬	162301	3 080.00	500.00	200.00	3 780.00	212.00	3 568.00
2	郑景成	162302	2 970.00	400.00	150.00	3 520.00	171.00	3 349.00
3	郭楚怡	162303	2 950.00	380.00	140.00	3 470.00	164.00	3 306.00
…	…	…	…	…	…	…	…	…
合计	—	—	…	…	…	…	…	216 859.00

单位负责人：韩敬冬　　会计主管：郭楚怡　　会计：杨欣梅　　制表：谢丽晴

图 1-16　工资清单

11）2017 年 3 月 13 日，根据合同向广东千秋服饰有限公司销售西服 260 件，单价 368 元，针织衫 360 件，单价 162 元，货款已收存银行，如图 1-17～图 1-19 所示。

广东增值税专用发票

4601041141　　（全国统一发票监制章 广东 国家税务总局监制）发票联　　№ 031107301

开票日期：　年　月　日

购货单位	名　称： 纳税人识别号： 地 址 、电 话： 开户行及账号：	密码区	（略）

货物或应税劳务、服务名称	规格型号	单位	数量	单价	金额	税率	税额
合计							
价税合计（大写）	⊗				（小写）		

销货单位	名　称： 纳税人识别号： 地 址 、电 话： 开户行及账号：	备注	广东米奇服饰有限公司 440162256268024 发票专用章

第三联　发票联　购货方记账凭证

收款人：谢丽晴　　复核：杨欣梅　　开票人：王耀林　　销货单位：（章）

图 1-17　广东增值税专用发票（发票联）

广东增值税专用发票

4601041141　　　　此联不作报销、扣税凭证使用　　　　№ 031107301

（印章：全国统一发票监制章 广东 国家税务总局监制）

开票日期：　　年　月　日

购货单位	名　　称： 纳税人识别号： 地 址 、 电话： 开户行及账号：	密码区	（略）

货物或应税劳务、服务名称	规格型号	单位	数量	单价	金额	税率	税额
合计							
价税合计（大写）	⊗				（小写）		

销货单位	名　　称： 纳税人识别号： 地 址 、 电话： 开户行及账号：	备注	

收款人：谢丽晴　　复核：杨欣梅　　开票人：王耀林　　销货单位：（章）

第一联 记账联 销货方记账凭证

图 1-18　广东增值税专用发票（记账联）

托收凭证（收账通知）　4

委托日期：　　年　月　日　　付款期限　　年　月　日

业务类型	委托收款（□邮划、□电划）			托收承付（□邮划、□电划）				
付款人	全 称			收款人	全 称			
	账 号				账 号			
	地 址	省　市县	开户行		地 址	省　市县	开户行	
金额	人民币（大写）					亿 千 百 十 万 千 百 十 元 角 分		
款项内容		托收凭据名称		附寄单证张数				
商品发运情况				合同名称号码				
备注： 复核　记账		款项收妥日期： 年　月　日		收款人开户银行签章				

（印章：中国工商银行股份有限公司 中山沙溪支行 2017.3.13 办讫章 (4)）

此联为收款人开户银行给收款人的收账通知

图 1-19　托收凭证（收账通知）

12）2017 年 3 月 13 日，向中山新文电器有限公司购买除湿器 5 台，交车间在产品库（指生产车间设置的，用于临时保管在产品的仓库）使用，如图 1-20～图 1-24 所示。

全国统一发票监制章 广东 国家税务总局监制

广东增值税专用发票

4409741743　　　　发 票 联　　　　№ 421371301

开票日期：2017 年 3 月 13 日

购货单位	名　　称：广东米奇服饰有限公司 纳税人识别号：440162256268024 地 址 、电 话：中山市沙溪建设路 289 号 76327586 开户行及账号：中国工商银行沙溪支行 61682674052				密码区	（略）	
货物或应税劳务、服务名称	规格型号	单位	数量	单价	金额	税率	税额
除湿器		台	5	480.00	2 400.00	17%	408.00
合计					¥2 400.00		¥408.00
价税合计（大写）	⊗贰仟捌佰零捌圆整				（小写）¥2 808.00		
销货单位	名　　称：中山新文电器有限公司 纳税人识别号：440162307267034 地 址 、电 话：中山市沙溪建设路 135 号 76383127 开户行及账号：中国工商银行沙溪支行 61682674892				备注	中山新文电器有限公司 440162307267034 发票专用章	

第三联 发票联 购货方记账凭证

收款人：李晓林　　　复核：张立海　　　开票人：廖丽娜　　　销货单位：（章）

图 1-20　广东增值税专用发票（发票联）

中国工商银行支票存根（粤）

GS 01034004

附加信息

出票日期　　年　月　日

收款人：	
金　额：	
用　途：	

单位主管　　　会计

付款期限自出票之日起十天

中国工商银行支票（粤）　　GS 01034004

出票日期（大写）　　年　　月　　日　　　付款行名称：

收款人：　　　　　　　　　　　　　　　　出票人账号：

人民币（大写）	千	百	十	万	千	百	十	元	角	分

用途＿＿＿＿＿＿　　　　密码＿＿＿＿＿＿

上列款项请从　　　　　　行号＿＿＿＿＿＿

我账户内支付

出票人签章

广东米奇服饰有限公司财务专用章　　韩敬冬

复核　　记账

图 1-21　中国工商银行支票（粤）

低值易耗品入库单

2017 年 3 月 13 日　　No 12101

名称及规格	单位	入库数量	单价/元	金额/元
除湿器	台	5	480.00	2 400.00

仓库主管：陈德明　　验收：李怡华　　收料：朱永材

图 1-22　低值易耗品入库单

低值易耗品出库单

用途：车间在产品库用　　2017 年 3 月 13 日　　No 10301

名称及规格	单位	请领数量	实发数量	单价/元	金额/元
除湿器	台	5	5	480.00	2 400.00

仓库主管：陈德明　　经手人：刘江华　　保管员：朱永材

图 1-23　低值易耗品出库单

低值易耗品摊销计算表

用途：车间在产品库用　　2017 年 3 月 13 日　　单位：元

名称及规格	单位	数量	待摊金额	本期摊销比例	摊销金额
除湿器	台	5	2 400.00	50%	1 200.00

会计主管：郭楚怡　　会计：杨欣梅　　制表：谢丽晴

图 1-24　低值易耗品摊销计算表

13）2017 年 3 月 13 日，收到广东曼琪纺织有限公司退回的银行本票多余款 2 140 元，如图 1-25 和图 1-26 所示。

中国建设银行支票（粤）　　GS 04030001

付款期限自出票之日起十天

出票日期（大写）贰零壹柒 年 零叁 月 壹拾叁 日　　付款行名称：中国建设银行南国支行

收款人：广东米奇服饰有限公司　　出票人账号：21629413054

人民币（大写）	千	百	十	万	千	百	十	元	角	分
贰仟壹佰肆拾元整				¥	2	1	4	0	0	0

用途 支付银行本票余款　　密码

上列款项请从　　行号

我账户内支付

出票人签章　　广东曼琪纺织有限公司财务专用章　　廖琪燕　　复核　　记账

（a）正面

图 1-25　中国建设银行支票（粤）

附加信息：	被背书人	被背书人
	背书人签章 年　月　日	背书人签章 年　月　日

（b）背面

图 1-25（续）

中国工商银行进账单　（回单）　1

年　月　日

出票人	全　称		收款人	全　称	
	账　号			账　号	
	开户银行			开户银行	

金额	人民币（大写）	亿	千	百	十	万	千	百	十	元	角	分

票据种类		票据张数		开户银行盖章
票据号码				
复核		记账		

此联是开户银行交给持（出）票人的回单

图 1-26　中国工商银行进账单（回单）

14）2017 年 3 月 14 日，向银行借入为期 10 个月的借款，款项已划入公司存款户，如图 1-27 所示。

中国工商银行对公客户收款通知单

2017 年 3 月 14 日　　　　交易种类：生产周转贷款放款

付款人	全　称	广东米奇服饰有限公司	收款人	全　称	广东米奇服饰有限公司
	账　号	61682674279		账　号	61682674052
	开户行	中国工商银行中山市分行		开户行	中国工商银行沙溪支行
大写金额	（币种）人民币贰拾万元整			亿 千 百 十 万 千 百 十 元 角 分	¥ 2 0 0 0 0 0 0 0
上述贷款金额已转存入你单位 61682674052 存款户。				合同号：银借字第 1010 号	
				备注：贷款期为 10 个月。	

中国工商银行股份有限公司中山沙溪支行 2017.3.14 办讫章 (4)

此联为收款人收账通知

会计主管：　　　　复核：　　　　记账：

图 1-27　中国工商银行对公客户收款通知单

15）2017 年 3 月 15 日，拨付给销售科定额备用金，以现金支付，如图 1-28 所示。

备用金申请表

No 0003001

申请部门：销售科　　　　2017 年 3 月 15 日

申请人	梁伟峰	申请事由	销售科定额备用金
申请金额	人民币（大写）：⊗拾⊗万伍仟零佰零拾零元零角零分　¥5 000.00		
负责人审批	同意 谢惠华		现金付讫

第三联　记账

会计主管：郭楚怡　　复核：杨欣梅　　出纳：谢丽晴　　签收：梁伟峰

图 1-28　备用金申请表

16）2017 年 3 月 16 日，支付 2 月水电费，如图 1-29～图 1-32 所示。

广东增值税专用发票

4406241743　　　　发票联　　　　№ 401341301

全国统一发票监制章 广东 国家税务总局监制

开票日期：2017 年 3 月 16 日

购货单位	名　　称：广东米奇服饰有限公司 纳税人识别号：440162256268024 地 址 、电 话：中山市沙溪建设路 289 号 76327586 开户行及账号：中国工商银行沙溪支行 61682674052			密码区	（略）		
货物或应税劳务、服务名称	规格型号	单位	数量	单价	金额	税率	税额
供电		度	69 874	0.95	66 380.30	17%	11 284.65
合计					¥66 380.30	17%	¥11 284.65
价税合计（大写）	⊗柒万柒仟陆佰陆拾肆元玖角伍分				（小写）¥77 664.95		
销货单位	名　　称：广东电网中山供电公司 纳税人识别号：440162867267836 地 址 、电 话：中山市民生路 142 号 88683127 开户行及账号：中国工商银行民生支行 61263674849			备注	广东电网中山供电公司 440162867267836 发票专用章		

第三联　发票联　购货方记账凭证

收款人：李德林　　复核：谢立波　　开票人：廖莉沙　　销货单位：（章）

图 1-29　广东增值税专用发票

中国工商银行对公客户付款通知单

币别：人民币　　　　2017 年 3 月 16 日　　　　交易种类：支付电费

付款人	全　称	广东米奇服饰有限公司	收款人	全　称	广东电网中山供电公司
	账　号	61682674052		账　号	61263674849
	开户行	中国工商银行沙溪支行		开户行	中国工商银行民生支行
大写金额	（人民币）柒万柒仟陆佰陆拾肆元玖角伍分				¥77 664.95
上述款项已从你单位存款账户 61682674052 支付。			中国工商银行股份有限公司 中山沙溪支行 2017.3.16 办讫章 （4）		（银行盖章）

此联为付款人付款通知

会计主管：　　　　复核：　　　　记账：

图 1-30　中国工商银行对公客户付款通知单

广东增值税专用发票

全国统一发票监制章 广东 国家税务总局监制

4406269742　　　　发票联　　　　№ 403561301

开票日期：2017 年 3 月 16 日

购货单位	名　　称：广东米奇服饰有限公司 纳税人识别号：440162256268024 地 址 、电 话：中山市沙溪建设路 289 号 76327586 开户行及账号：中国工商银行沙溪支行 61682674052				密码区	（略）	
货物或应税劳务、服务名称	规格型号	单位	数量	单价	金额	税率	税额
供水		吨	1 872	1.93	3 612.96	13%	469.68
合计					¥3 612.96	13%	¥469.68
价税合计（大写）	⊗肆仟零捌拾贰元陆角肆分				（小写）¥4 082.64		
销货单位	名　　称：中山市自来水总公司 纳税人识别号：440162387269636 地 址 、电 话：中山市湖滨路 162 号 88696627 开户行及账号：中国建设银行湖滨支行 61224574848				备注	中山市自来水总公司 440162387269636 发票专用章	

第三联　发票联　购货方记账凭证

收款人：李秋莎　　　　复核：伍南波　　　　开票人：黄爱林　　　　销货单位：（章）

图 1-31　广东增值税专用发票（发票联）

中国工商银行对公客户付款通知单

币别：人民币　　　　2017 年 3 月 16 日　　　　交易种类：支付水费

付款人	全　称	广东米奇服饰有限公司	收款人	全　称	中山市自来水总公司
	账　号	61682674052		账　号	61224574848
	开户行	中国工商银行沙溪支行		开户行	中国建设银行湖滨支行
大写金额	（人民币）肆仟零捌拾贰元陆角肆分				¥4 082.64
上述款项已从你单位存款账户 61682674052 支付。			中国工商银行股份有限公司 中山沙溪支行 2017.3.16 办讫章 （4）		（银行盖章）

此联为付款人付款通知

会计主管　　　　复核　　　　记账

图 1-32　中国工商银行对公客户付款通知单

17）2017 年 3 月 17 日，开出转账支票，支付前欠广东祥丰布业有限公司材料款 10 800 元，如图 1-33 所示。

中国工商银行支票存根（粤）

GS 01034005

附加信息

出票日期　　年　月　日

收款人：	
金　额：	
用　途：	

单位主管　　　会计

付款期限自出票之日起十天

中国工商银行支票（粤）　GS 01034005

出票日期（大写）　年　月　日　　付款行名称：

收款人：　　　　出票人账号：

	千	百	十	万	千	百	十	元	角	分
人民币（大写）										

用途＿＿＿＿

上列款项请从

我账户内支付

出票人签章

广东米奇服饰有限公司财务专用章

密码＿＿＿＿

行号＿＿＿＿

韩敬冬

复核　　　记账

（a）正面

附加信息：	被背书人	被背书人	（粘贴单处）
	背书人签章 年　月　日	背书人签章 年　月　日	根据《中华人民共和国票据法》等法律法规的规定，签发空头支票由中国人民银行处以票面金额 5%但不低于 1 000 元的罚款。

（b）背面

图 1-33　中国工商银行支票（粤）

18）2017 年 3 月 20 日，以交易为目的，通过二级市场购入潍柴动力（000338）股票 6 000 股，另支付交易手续费等相关费用 147 元。潍柴动力于 3 月 16 日宣告每 10 股派发现金股利 2 元，该现金股利将按 3 月 24 日的股东名册发放，如图 1-34～图 1-36 所示。

委托买入交割单

买卖类别：买入	成交日期：2017.3.20
股东代码：02845865	股东姓名：广东米奇服饰有限公司
证券代码：000338	合同号码：0024465
证券名称：潍柴动力	委托时间：14:20:24
成交号码：00325143	成交时间：14:36:23
成交价格：15.60	上次余额：0 股
成交股数：6000	本次余额：6 000 股
成交金额：93 600.00	手 续 费：47.00
过 户 费：100.00	印 花 税：0.00
其他收费：0.00	收付金额：93 747.00

广发证券股份有限公司 中山沙溪营业部 2017.3.20 结算章 (1)

图 1-34 委托买入交割单

潍柴动力 2016 年度分红派息实施公告

潍柴动力（000338）2016 年度权益分派方案为：每 10 股派 2 元人民币现金。

股权登记日：2017 年 3 月 24 日，除息日：2017 年 3 月 27 日。

本公司此次委托中国结算深圳分公司代派的股息将于 2017 年 3 月 27 日通过股东托管证券公司（或其他托管机构）直接划入其资金账户。

潍柴动力股份有限公司 260106868268568

潍柴动力股份有限公司

2017 年 3 月 16 日

图 1-35 潍柴动力 2016 年度分红派息实施公告

应收股利计算表

2017 年 3 月 20 日　　单位：元

项目	股份数	股利分配率	应分得股利
应收股利	6 000	0.20	1 200.00
合计	6 000	0.20	¥1 200.00

会计主管：郭楚怡　　会计：杨欣梅　　制表：梁芳

图 1-36 应收股利计算表

19）2017 年 3 月 22 日，采购员李志伟报销差旅费，并以现金补付不足部分，如图 1-37 所示。

差旅费报销单

2017 年 3 月 22 日　　　　附原始单据 10 张

出差人	李志伟	出差事由	出差采购材料	
项目	单据张数	金额/元	出差补贴/元	
火车票、汽车票	2	800.00	出差地点	
飞机票、轮船票			出差时间	
市内交通费	6	18.00	出差天数	
食宿费	1	1 362.00	补贴标准	现金付讫
其他			补贴金额	
小计		¥2 180.00	小计	
合计	人民币贰仟壹佰捌拾元整	¥2 180.00		
单位领导审批：同意 韩敬冬			部门主管审批：同意 郑景成	

会计主管：郭楚怡　　复核：杨欣梅　　出纳：谢丽晴　　领款人：李志伟

图 1-37　差旅费报销单

20）2017 年 3 月 24 日，根据合同向广东秋实服饰有限公司销售衬衫 400 件、单价为 88 元，风衣 180 件、单价为 196 元，货款已收存银行，如图 1-38～图 1-40 所示。

广东增值税专用发票

4601041141　　　　№ 031107302

此联不作报销、扣税凭证使用

开票日期：　　年　　月　　日

购货单位	名　　称： 纳税人识别号： 地 址 、 电 话： 开户行及账号：				密码区	（略）	
货物或应税劳务、服务名称	规格型号	单位	数量	单价	金额	税率	税额
合计							
价税合计（大写）	⊗				（小写）		
销货单位	名　　称： 纳税人识别号： 地 址 、 电 话： 开户行及账号：				备注		

第一联　记账联　销货方记账凭证

收款人：谢丽晴　　复核：杨欣梅　　开票人：王耀林　　销货单位：（章）

图 1-38　广东增值税专用发票（记账联）

付款期限自出票之日起十天

中国银行支票（粤） GS 03864031

出票日期（大写）贰零壹柒 年 零叁 月 贰拾肆 日　　付款行名称：中国银行福贤支行

收款人：广东米奇服饰有限公司　　出票人账号：31676243355

人民币（大写）	千	百	十	万	千	百	十	元	角	分
捌万贰仟肆佰陆拾壹元陆角整			¥	8	2	4	6	1	6	0

用途 支付货款

上列款项请从我账户内支付

出票人签章

广东秋实服饰有限公司财务专用章　陈婉秋

密码

行号

复核　记账

（a）正面

附加信息：	被背书人	被背书人
	背书人签章 年 月 日	背书人签章 年 月 日

（b）背面

图 1-39　中国银行支票（粤）

中国工商银行进账单　（回单）　1

年　月　日

出票人	全　称		收款人	全　称											
	账　号			账　号											
	开户银行			开户银行											
金额	人民币（大写）			亿	千	百	十	万	千	百	十	元	角	分	
票据种类		票据张数													
票据号码															
复核　记账				开户银行盖章											

此联是开户银行交给持（出）票人的回单

图 1-40　中国工商银行进账单（回单）

21）2017 年 3 月 25 日，为拓展产品销售，支付客户招待餐饮费，以银行存款支付，如图 1-41 和图 1-42 所示。

广东增值税专用发票

（全国统一发票监制章 广东 发票联 国家税务总局监制）

4617641258　　　　№ 116205611

开票日期：2017 年 3 月 25 日

购货单位	名　　称：广东米奇服饰有限公司 纳税人识别号：440162256268024 地 址 、电 话：中山市沙溪建设路 289 号 76327586 开户行及账号：中国工商银行沙溪支行 61682674052				密码区	（略）	
货物或应税劳务、服务名称	规格型号	单位	数量	单价	金额	税率	税额
餐费					3 396.23	6%	203.77
合计					¥3 396.23		¥203.77
价税合计（大写）	⊗叁仟陆佰元整				（小写）¥3 600.00		
销货单位	名　　称：中山福乐酒店有限公司 纳税人识别号：440161705268028 地 址 、电 话：中山市博爱路 188 号 88815566 开户行及账号：中国工商银行博爱支行 61722933067				备注	（中山福乐酒店有限公司 440161705268028 发票专用章）	

第三联 发票联 购货方记账凭证

收款人：李秦　　复核：伍丽纯　　开票人：林晓芬　　销货单位：（章）

图 1-41　广东增值税专用发票（发票联）

中国工商银行支票存根（粤）

GS 01034006

附加信息

出票日期　　年　月　日

收款人：	
金　额：	
用　途：	

单位主管　　会计

付款期限自出票之日起十天

中国工商银行支票（粤）　　GS 01034006

出票日期（大写）　　年　　月　　日　　付款行名称：

收款人：　　出票人账号：

人民币（大写）	千	百	十	万	千	百	十	元	角	分

用途　　　　密码

上列款项请从　　行号

我账户内支付

出票人签章　（广东米奇服饰有限公司财务专用章）（韩敬冬）

复核　　记账

图 1-42　中国工商银行支票（粤）

22）2017 年 3 月 27 日，以现金支付司机陈瑞明报销汽油费，如图 1-43 和图 1-44 所示。

4169541528

广东增值税普通发票

发票联

№ 127205610

开票日期：2017 年 3 月 26 日

购货单位	名　　称：广东米奇服饰有限公司 纳税人识别号：440162256268024 地 址 、 电话：中山市沙溪建设路 289 号 76327586 开户行及账号：中国工商银行沙溪支行 61682674052				密码区	（略）		
货物或应税劳务、服务名称	规格型号	单位	数量	单价	金额	税率	税额	
95 汽油					387.69	17%	65.91	
合计					¥387.69		¥65.91	
价税合计（大写）	⊗肆佰伍拾叁元陆角整				（小写）¥453.60			
销货单位	名　　称：中国石化中山有限公司 纳税人识别号：440619875246269 地 址 、 电话：中山市湖滨路 108 号 86669858 开户行及账号：中国建设银行湖滨路支行 61695213256				备注	中国石化中山有限公司 440619875246269 发票专用章		

第三联 发票联 购货方记账凭证

收款人：郑成杰　　复核：陈耀光　　开票人：李晓燕　　销货单位：（章）

图 1-43　广东增值税普通发票（发票联）

费用报销单

2017 年 3 月 27 日

报销部门	管理部门	报销人	陈瑞明
费用项目	单据张数	金额/元	备注
汽油费	1	453.60	
			现金付讫
合计		¥453.60	
金额（大写）人民币肆佰伍拾叁元陆角整			
单位领导审批：同意 韩敬冬		部门主管审批：同意 郑景成	

会计主管：郭楚怡　　复核：杨欣梅　　出纳：谢丽晴　　领款人：陈瑞明

图 1-44　费用报销单

23）2017 年 3 月 27 日，收到潍柴动力公司派发的现金股利，如图 1-45 所示。

中国工商银行对公客户收款通知单

2017 年 3 月 27 日　　　　交易种类：收到现金股利

付款人	全　称	中国证券登记结算公司	收款人	全　称	广东米奇服饰有限公司
	账　号	102246636129		账　号	61682674052
	开户行	中国建设银行深圳深南路支行		开户行	中国工商银行沙溪支行
大写金额	（币种）人民币壹仟贰佰元整			亿千百十万千百十元角分	¥120000
上述现金股利已存入你单位 61682674526 存款户。			备注：		

此联为收款人收账通知

中国工商银行股份有限公司 中山沙溪支行 2017.3.27 办讫章 (4)

会计主管：　　　　复核：　　　　记账：

图 1-45　中国工商银行对公客户收款通知单

24）2017 年 3 月 30 日，接银行付款通知，支付借款利息，其中长期借款为分期付息到期还本的长期借款，如图 1-46 和图 1-47 所示。

利息计算单

2017 年 3 月 30 日　　　　单位：元

计息项目	起息日	结息日	本金	年利率	利息
长期借款	2017.3.1	2017.3.31	2 320 000.00	8%	15 466.67
短期借款	2017.3.1	2017.3.31	861 600.00	6%	4 308.00
合计（大写）	人民币壹万玖仟柒佰柒拾肆元陆角柒分				¥19 774.67

会计主管：郭楚怡　　　　会计：杨欣梅　　　　制单：谢丽晴

图 1-46　利息计算单

中国建设银行对公客户付款通知单

币别：人民币　　　　2017 年 3 月 30 日　　　　交易种类：支付借款利息

付款人	全　称	广东米奇服饰有限公司	收款人	全　称	广东米奇服饰有限公司
	账　号	61682674052		账　号	61682674279
	开户行	中国工商银行沙溪支行		开户行	中国工商银行中山市分行
大写金额	人民币壹万玖仟柒佰柒拾肆元陆角柒分				¥19 774.67
上述款项已从你单位存款账户 61682674279 支付。					（银行盖章）

中国工商银行股份有限公司 中山沙溪支行 2017.3.30 办讫章 (2)

会计主管：　　　　复核：　　　　记账：

图 1-47　中国建设银行付款通知单

25）2017 年 3 月 31 日，接银行付款通知，支付本月电话费，如图 1-48 和图 1-49 所示。

广东增值税专用发票

4165641528　　　　发票联　　　　№ 00213626

开票日期：2017 年 3 月 31 日

购货单位	名　　称：广东米奇服饰有限公司 纳税人识别号：440162256268024 地 址 、电 话：中山市沙溪建设路 289 号 76327586 开户行及账号：中国工商银行沙溪支行 61682674052				密码区	（略）	
货物或应税劳务、服务名称	规格型号	单位	数量	单价	金额	税率	税额
电话费					3 650.00	11%	401.50
合计					¥3 650.00		¥401.50
价税合计（大写）	⊗肆仟零伍拾壹元伍角整				（小写）¥4 051.50		
销货单位	名　　称：中国电信股份有限公司中山分公司 纳税人识别号：440168836268992 地 址 、电 话：中山市博爱路 188 号 86669888 开户行及账号：中国建设银行博爱支行 61695286856				备注	中国电信股份有限公司中山分公司 440168836268992 发票专用章	

第三联 发票联 购货方记账凭证

收款人：陈彬　　复核：陈耀林　　开票人：陈彬　　销货单位：（章）

图 1-48　广东增值税专用发票（发票联）

中国建设银行对公客户付款通知单

币别：人民币　　2017 年 3 月 31 日　　交易种类：支付电话费

付款人	全　称	广东米奇服饰有限公司	收款人	全　称	中国电信股份有限公司中山分公司
	账　号	61682674052		账　号	61695286856
	开户行	中国工商银行沙溪支行		开户行	中国建设银行博爱支行
大写金额	人民币肆仟零伍拾壹元伍角整				¥4 051.50
上述款项已从你单位存款账户 61682674052 支付。				中国工商银行股份有限公司 中山沙溪支行 2017.3.31 办讫章 (2) （银行盖章）	

会计主管：　　复核：　　记账：

图 1-49　中国建设银行付款通知单

26）2017 年 3 月 31 日，收到转账支票一张，系广东万邦服饰有限公司支付前欠货款，如图 1-50 和图 1-51 所示。

付款期限自出票之日起十天

中国建设银行支票（粤） GS 03624031

出票日期（大写）贰零壹柒 年 零叁 月 叁拾壹 日　　付款行名称：中国建设银行临江支行

收款人：广东米奇服饰有限公司　　出票人账号：13657443035

人民币（大写）	千	百	十	万	千	百	十	元	角	分
捌万肆仟玖佰肆拾贰元整			¥	8	4	9	4	2	0	0

用途 支付货款

上列款项请从
我账户内支付
出票人签章

广东万邦服饰有限公司财务专用章　黄德瑞

密码
行号

复核　　记账

（a）正面

附加信息：	被背书人	被背书人
	背书人签章 年 月 日	背书人签章 年 月 日

（b）背面

图 1-50　中国建设银行支票（粤）

中国工商银行进账单　（回单）　1

年　月　日

出票人	全　称		收款人	全　称	
	账　号			账　号	
	开户银行			开户银行	

金额	人民币（大写）	亿	千	百	十	万	千	百	十	元	角	分

票据种类		票据张数		
票据号码				
复核　　记账				开户银行盖章

此联是开户银行交给持（出）票人的回单

图 1-51　中国工商银行进账单（回单）

27）2017 年 3 月 31 日，现金清查中，发现现金长款 56 元，如图 1-52 和图 1-53 所示。

现金清查报告单

2017 年 3 月 31 日

现金清点结果					
货币面值	张数	金额/元	货币面值	张数	金额/元
100 元	146	14 600.00	5 元	9	45.00
50 元	21	1 050.00	1 元	12	12.00
20 元	40	800.00	5 角	20	10.00
10 元	8	80.00	1 角	54	5.40
现金清点合计	¥16 602.40		现金长款	¥56.00	
现金账面余额	¥16 546.40		现金短款	—	
备注	原因不明				

负责人： 会计主管：郭楚怡 出纳：谢丽晴 清点人员：杨欣梅

图 1-52 现金清查报告单

现金盘盈处理报告单

2017 年 3 月 31 日

盘盈金额/元	盘盈原因	处理方法
¥56.00	无法查明原因	计入营业外收入
单位领导意见： 同意 韩敬冬	财会部意见： 同意 郭楚怡	董事会或主管部门意见： 同意 广东米奇服饰有限公司 440162256268024

图 1-53 现金盘盈处理报告单

28）2017 年 3 月 31 日，发现 2 月 8 日填制的记账凭证有错，如图 1-54 和图 1-55 所示。

记 账 凭 证

2017 年 2 月 8 日　　　　　　　　　　　　　　记　字第 14 号

摘要	总账科目	明细科目	借方金额										贷方金额										账页或√
			千	百	十	万	千	百	十	元	角	分	千	百	十	万	千	百	十	元	角	分	
支付餐饮费	管理费用						1	2	0	0	0	0											√
	银行存款																1	2	0	0	0	0	√
合计						¥	1	2	0	0	0	0				¥	1	2	0	0	0	0	

会计主管：郭楚怡　　　　记账：谢丽晴　　　　审核：杨欣梅　　　　制单：谢丽晴

图 1-54　记账凭证

广东增值税专用发票

4617641258　　　　　　　　　　　　　　№ 116205211

发 票 联

开票日期：2017 年 2 月 08 日

购货单位	名　称：广东米奇服饰有限公司 纳税人识别号：440162256268024 地 址 、电 话：中山市沙溪建设路 289 号 76327586 开户行及账号：中国工商银行沙溪支行 61682674052				密码区	（略）	
货物或应税劳务、服务名称	规格型号	单位	数量	单价	金额	税率	税额
餐费		银行付讫			11 320.75	6%	679.25
合计					¥11 320.75		¥679.25
价税合计（大写）	⊗壹万贰仟元整				（小写）¥12 000.00		
销货单位	名　称：中山福乐酒店有限公司 纳税人识别号：440161705268028 地 址 、电 话：中山市博爱路 188 号 88815566 开户行及账号：中国工商银行博爱支行 61722933067				备注	中山福乐酒店有限公司 440161705268028 发票专用章	

第三联　发票联　购货方记账凭证

收款人：李秦　　　　复核：伍丽纯　　　　开票人：林晓芬　　　　销货单位：（章）

图 1-55　广东增值税专用发票（发票联）

29）2017 年 3 月 31 日，通过二级市场出售所持有的潍柴动力（000338）6 000 股，支付交易手续费等相关费用 200 元，如图 1-56 所示。

委托卖出交割单

买卖类别：卖出	成交日期：2017.3.31
股东代码：02845865	股东姓名：广东米奇服饰有限公司
证券代码：000338	合同号码：0244465
证券名称：潍柴动力	委托时间：14:30:24
成交号码：00425143	成交时间：14:36:23
成交价格：17.00	上次余额：6 000 股
成交股数：6 000	本次余额：0 股
成交金额：102 000.00	手 续 费：60.00
过 户 费：140.00	印 花 税：0.00
其他收费：0.00	收付金额：101 800.00

广发证券股份有限公司
中山沙溪营业部
2017.3.31
结算章
（1）

图 1-56　委托卖出交割单

30）2017 年 3 月 31 日，与开户行对账，银行对账单如表 1-5 所示，要求编制未达账项列表和银行存款余额调节表，如图 1-57 和图 1-58 所示。

表 1-5　中国工商银行对账单

存款单位：广东米奇服饰有限公司　　账号：61682674052　　2017 年 3 月 31 日

交易日期	摘要	借方/元	贷方/元	借或贷	余额/元
3.1	期初余额			贷	602 920.00
3.2	收到货款		42 120.00	贷	645 040.00
3.3	提取现金	8 000.00		贷	637 040.00
3.6	支付材料款	53 820.00		贷	583 220.00
3.6	申请签发银行本票	70 000.00		贷	513 220.00
3.7	上缴税费	71 434.00		贷	441 786.00
3.10	支付工资	216 859.00		贷	224 927.00
3.13	收到货款		180 180.00	贷	405 107.00
3.13	购买除湿器	2 808.00		贷	402 299.00
3.13	收到本票多余款		2 140.00	贷	404 439.00
3.14	取得借款		200 000.00	贷	604 439.00
3.16	支付水电费	81 747.59		贷	522 691.41
3.17	支付材料款	10 800.00		贷	511 891.41
3.24	收到货款		82 461.60	贷	594 353.01
3.27	支付招待费	3 600.00		贷	590 753.01
3.30	支付借款利息	19 774.67		贷	570 978.34
3.31	支付电话费	4 051.50		贷	566 926.84
3.31	支付材料款	56 897.10		贷	510 029.74
3.31	取得存款利息		1 186.80	贷	511 216.54
3.31	本月合计	599 791.86	508 088.40	贷	511 216.54

未达账项列表

2017 年 3 月 31 日

企业未达账项				银行未达账项			
日期	摘要	未收/元	未付/元	日期	摘要	未收/元	未付/元
合计				合计			

会计主管：郭楚怡　　复核：杨欣梅　　清查：梁芳

图 1-57　未达账项列表

银行存款余额调节表

2017 年 3 月 31 日

项目	金额/元	项目	金额/元
银行存款日记账余额		银行对账单余额	
加：银行已收，企业未收		加：企业已收，银行未收	
减：银行已付，企业未付		减：企业已付，银行未付	
调节后余额		调节后余额	

会计主管：郭楚怡　　复核：杨欣梅　　清查：梁芳

图 1-58　银行存款余额调节表

实训二　生 产 业 务

核 算 规 则

1. 采用《小企业会计准则》进行核算。
2. 采用通用记账凭证填制凭证。
3. 采用记账凭证核算形式登记总账。
4. 存货采用实际成本法核算。
5. 采用月末一次加权平均法计算发出材料成本。
6. 固定资产采用年限平均法计提折旧。
7. 产品成本按品种法计算。
8. 在产品完工程度按平均 50%计算。
9. 材料在开始生产时一次投入，其他成本按约当产量比例分配。
10. 该企业为一般纳税人，增值税税率为 17%。
11. 计算数据保留到 2 位小数。

实 训 要 求

1. 填制原始凭证。
2. 编制各经济业务的会计分录。
3. 编制通用记账凭证并装订成册。
4. 登记明细分类账（原材料、生产成本）。
5. 登记总账（原材料、生产成本、制造费用）。

一、相关知识

1. 产品成本计算方法

产品成本是企业一定时期内为生产一定产品所支出的生产费用。产品成本的计算，关键是选择适当的产品成本计算方法。不同的产品要求产品成本计算方法必须根据生产特点、管理要求及工艺过程等予以确定。产品成本计算方法主要包括三种，即品种法（以产品品种为成本计算对象）、分批法（以产品批别为成本计算对象）和分步法（以产品生产步骤为成本计算对象）。

1）品种法计算产品成本的主要特点：一是成本核算对象是产品品种；二是品种法下一般定期（每月月末）计算产品成本；三是如果企业月末有在产品，要将生产成本在完工产品和在产品之间进行分配。

2）分批法计算产品成本的主要特点：一是成本核算对象是产品的批别；二是产品

成本的计算是与生产任务通知单的签发和结束紧密配合的，因此产品成本计算是不确定的；三是由于成本计算期与产品生产周期基本一致，因此在计算月末在产品成本时，一般不存在在完工产品和在产品之间分配成本的问题。

3）分步法计算产品成本的主要特点：一是成本核算对象是产品的生产步骤；二是月末需要计算完工产品成本，还需要将归集在“生产成本”明细账中的生产成本在完工产品和在产品之间进行分配；三是除了按品种计算和结转产品成本外，还需要计算和结转产品的各步骤成本。在实际工作中，根据成本管理对各生产步骤成本资料的不同要求（如是否要求计算半成品成本）和简化核算的要求，各生产步骤成本的计算和结转一般采用逐步结转和平行结转两种方法，即逐步结转分步法和平行结转分步法。

2. *产品成本费用分配*

每月月末，当月“生产成本”明细账中按照成本项目归集了本月生产成本以后，这些成本就是本月发生的生产成本，并不是本月完工产品的成本。计算本月完工产品成本，还需要将本月发生的生产成本，加上月初在产品成本，然后将其在本月完工产品和月末在产品之间进行分配，以求得本月完工产品成本。

在产品，是指没有完成全部生产过程、不能作为商品销售的产品，包括正在车间加工中的在产品（包括正在返修的废品）和已经完成一个或几个生产步骤但还需要继续加工的半成品（包括未经验收入库的产品和等待返修的废品），不包括对外销售的自制半成品。对某个车间或生产步骤而言，在产品只包括该车间或该生产步骤正在加工中的那部分在产品。

常用的生产成本在完工产品与在产品之间进行分配的方法包括不计算在产品成本法、在产品按固定成本计价法、在产品按所耗直接材料成本计价法、约当产量比例法、在产品按定额成本计价法、定额比例法等。

约当产量比例法，是指将产品应负担的全部成本按照完工产品产量与月末在产品约当产量的比例分配计算完工产品成本和月末在产品成本。约当产量，是指将月末在产品数量按其完工程度折算为完工产品的产量。

二、核算资料

1. *企业资料*

核算企业资料如表 1-1 所示。

企业供应商资料如表 2-1 所示。

表 2-1　企业供应商资料

名称	开户账号	地址、电话	开户银行	行号	纳税人识别号
广东伟奇布业有限公司	11606313052	广州市工业大道 62 号 56672584	中国农业银行工业支行	02736	440101568268026
广东祥丰布业有限公司	41682543357	江门市江会路 172 号 82682584	中国工商银行环市支行	22472	440606498268020

续表

名称	开户账号	地址、电话	开户银行	行号	纳税人识别号
广东曼琪纺织有限公司	21629413054	佛山市顺德区南国中路 64 号 83682585	中国建设银行南国支行	16063	440305307268034
广东耐永包装材料限公司	61653474057	中山沙溪工业大道 32 号 76315833	中国银行沙溪支行	25056	440166837468021
中山新文电器有限公司	61682674892	中山市沙溪建设路 135 号 76383127	中国工商银行沙溪支行	21683	440162307267034

2. 期初余额

1）广东米奇服饰有限公司 2017 年 4 月 30 日期末在产品情况如表 2-2 所示。

表 2-2 期末在产品情况表

2017 年 4 月 30 日

在产品品名	单位	在产品数量	完工程度
西服	件	60	50%
针织衫	件	80	50%
衬衫	件	280	50%
风衣	件	100	50%
合计	—	—	—

2）广东米奇服饰有限公司 2017 年 4 月 30 日部分总账账户期末余额如表 2-3 所示。

表 2-3 总账账户期末余额表

2017 年 4 月 30 日

总账账户	借方余额/元	备注
原材料	61 960.00	
生产成本	34 900.00	
制造费用	0	
合计	96 860.00	

3）广东米奇服饰有限公司 2017 年 4 月 30 日原材料、生产成本（基本生产成本）各明细账户期末余额如表 2-4 和表 2-5 所示。

表 2-4 原材料各明细账户余额表

2017 年 4 月 30 日

明细账户	单位	数量	单价/（元/米）	金额/元
毛料	米	400	32.00	12 800.00
棉布	米	1 280	12.00	15 360.00
锦纶	米	920	8.00	7 360.00
腈纶	米	800	14.00	11 200.00
亚麻	米	640	16.00	10 240.00
涤纶	米	500	10.00	5 000.00
合计	—	—	—	61 960.00

表 2-5　生产成本（基本生产成本）各明细账户余额表

2017 年 4 月 30 日　　单位：元

明细账户	直接材料	直接人工	电费	水费	制造费用	合计
西服	6 240.00	1 800.00	600.00	28.00	872.00	9 540.00
针织衫	3 680.00	1 200.00	400.00	18.00	622.00	5 920.00
衬衫	6 720.00	2 240.00	560.00	26.00	1 094.00	10 640.00
风衣	5 200.00	2 000.00	600.00	28.00	972.00	8 800.00
合计	21 840.00	7 240.00	2 160.00	100.00	3 560.00	34 900.00

3. 预留银行印鉴

预留银行印鉴如图 1-1 所示。

三、经济业务

1）2017 年 5 月 2 日，向广东伟奇布业有限公司购买毛料 1 000 米、棉布 1 970 米，款项尚未支付，如图 2-1 所示。

4401281287

广东增值税专用发票

全国统一发票监制章 国家税务总局监制 发 票 联

№ 432363031

开票日期：2017 年 5 月 2 日

购货单位	名　　称：广东米奇服饰有限公司 纳税人识别号：440162256268024 地址、电话：中山市沙溪建设路 289 号 76327586 开户行及账号：中国工商银行沙溪支行 61682674052	密码区	（略）

货物或应税劳务、服务名称	规格型号	单位	数量	单价	金额	税率	税额
毛料		米	1 000	34.00	3 400.00	17%	5 780.00
棉布		米	1 970	12.50	24 625.00	17%	4 186.25
合计					¥58 625.00		¥9 966.25
价税合计（大写）	⊗陆万捌仟伍佰玖拾壹元贰角伍分				（小写）¥68 591.25		

销货单位	名　　称：广东伟奇布业有限公司 纳税人识别号：440101568268026 地址、电话：广州市工业大道 62 号 56672584 开户行及账号：中国农业银行工业支行 11606313052	备注	广东伟奇布业有限公司 440101568268026 发票专用章

第三联 发票联 购货方记账凭证

收款人：张佳纯　　复核：李丽芬　　开票人：尚晓娜　　销货单位：（章）

图 2-1　广东增值税专用发票（发票联）

2）2017 年 5 月 4 日，填写银行汇票申请书，向开户行申请签发银行汇票，收款人为广东曼琪纺织有限公司，金额为 50 000 元，如图 2-2 所示。

中国工商银行银行汇票申请书（存根） 1

申请日期 2017 年 5 月 4 日　　　　第 00201 号

申请人	广东米奇服饰有限公司	收款人	广东曼琪纺织有限公司
账号或住址	61682674052	账号或住址	21629413054
用途	支付采购材料款	代理付款行	中国工商银行沙溪支行

汇票金额	人民币（大写）	伍万元整	千	百	十	万	千	百	十	元	角	分
					¥	5	0	0	0	0	0	0

上列款项请从我账户内支付。 韩敬冬　广东米奇服饰有限公司财务专用章 申请人盖章	科　目（借）______ 对方科目（贷）______ 中国工商银行银行汇票专用章 440162678268453 财务主管　复核　经办

此联出票行给汇款人的回单

图 2-2　中国工商银行银行汇票申请书（存根）

3）2017 年 5 月 4 日，向广东祥丰布业有限公司采购布料一批，收到增值税专用发票，以银行承兑汇票支付，布料尚未收到，如图 2-3 和图 2-4 所示。

4408241741　　　　**广东增值税专用发票**　　　　№ 421061301

全国统一发票监制章 国家税务总局监制

发票联

开票日期：2017 年 5 月 4 日

购货单位	名　　称：广东米奇服饰有限公司 纳税人识别号：440162256268024 地 址 、电 话：中山市沙溪建设路 289 号 76327586 开户行及账号：中国工商银行沙溪支行 61682674052				密码区	（略）		
货物或应税劳务、服务名称	规格型号	单位	数量	单价	金额	税率	税额	
锦纶		米	2 440	9.00	21 960.00	17%	3 733.20	
合计					¥21 960.00		¥3 733.20	
价税合计（大写）	⊗贰万伍仟陆佰玖拾叁元贰角整				（小写）¥25 693.20			
销货单位	名　　称：广东祥丰布业有限公司 纳税人识别号：440606498268020 地 址 、电 话：江门市江会路 172 号 82682584 开户行及账号：中国工商银行环市支行 41682543357				备注	广东祥丰布业有限公司 440606498268020 发票专用章		

第三联　发票联　购货方记账凭证

收款人：张泽林　　复核：李立华　　开票人：陈红娜　　销货单位：（章）

图 2-3　广东增值税专用发票（发票联）

银行承兑汇票 4

出票日期（大写）：贰零壹柒年零伍月零肆日 汇票号码：0123896

出票人全称	广东米奇服饰有限公司	收款人	全　称	广东祥丰布业有限公司	
出票人账号	61682674052		账　号	41682543357	
付款行全称	中国工商银行沙溪支行		开户银行	中国工商银行环市支行	行号 22472

出票金额	人民币（大写）	亿	千	百	十	万	千	百	十	元	角	元
贰万伍仟陆佰玖拾叁元贰角整					¥	2	5	6	9	3	2	0

汇票到期日（大写）	贰零壹柒年零捌月零肆日	付款行	行号	21683
承兑协议编号	0020119432		地址	中山市沙溪建设路289号

本汇票请你行承兑，此项汇票款我单位承兑协议于到期日前足额交存银行，到期请予以支付。 广东米奇服饰有限公司财务专用章　韩敬冬 出票人签章	本汇票已承兑，到期由本行承付。 承兑行签章： 承兑日期：2017.5.4 备注：	中国工商银行银行承兑汇票专用章 440162678268453 复核　记账

此联作为签发单位记账凭证附件

图 2-4　银行承兑汇票

4）2017年5月5日，向广东伟奇布业有限公司购买的毛料与棉布到达，验收入库，验收发现棉布短缺10米，经核实属于合理计量差异，如图2-5所示。

收　料　单

2017年5月5日　　收字第01201号

材料名称	规格型号	单位	应收数量	实收数量	金额/元
毛料		米	1 000	1 000	34 000.00
棉布		米	1 970	1 960	24 625.00

仓库主管：陈德明　　验收：李怡华　　收料：朱永材

图 2-5　收料单

5）2017年5月8日，向广东祥丰布业有限公司购买的锦纶到达，验收合格入库，如图2-6所示。

收　料　单

2017年5月8日　　收字第01202号

材料名称	规格型号	单位	应收数量	实收数量	金额/元
锦纶		米	2 440	2 440	21 960.00

仓库主管：陈德明　　验收：李怡华　　收料：朱永材

图 2-6　收料单

6）2017 年 5 月 8 日，向广东耐永包装材料有限公司购买包装纸箱 1 000 个，收到增值税专用发票，包装纸箱已验收入库，开出支票支付包装纸箱款，如图 2-7～图 2-9 所示。

4401651282

广东增值税专用发票

全国统一发票监制章 国家税务总局监制

发 票 联

№ 521363031

开票日期：2017 年 5 月 8 日

购货单位	名　　称：广东米奇服饰有限公司 纳税人识别号：440162256268024 地 址 、电 话：中山市沙溪建设路 289 号 76327586 开户行及账号：中国工商银行沙溪支行 61682674052			密码区	（略）		
货物或应税劳务、服务名称	规格型号	单位	数量	单价	金额	税率	税额
包装纸箱		个	1 000	1.20	1 200.00	17%	204.00
合计					¥1 200.00		¥204.00
价税合计（大写）	⊗壹仟肆佰零肆元整				（小写）¥1 404.00		
销货单位	名　　称：广东耐永包装材料有限公司 纳税人识别号：440166837468021 地 址 、电 话：中山市沙溪工业大道 32 号 76315833 开户行及账号：中国银行沙溪支行 61653474057			备注	广东耐永包装材料有限公司 440166837468021 发票专用章		

第三联 发票联 购货方记账凭证

收款人：欧阳彬　　复核：林丽珊　　开票人：陈晓虹　　销货单位：（章）

图 2-7　广东增值税专用发票（发票联）

包装物入库单

2017 年 5 月 8 日　　收字第 02201 号

包装物名称	规格型号	单位	应收数量	实收数量	金额/元
包装纸箱		个	1 000	1 000	1 200.00

仓库主管：陈德明　　验收：李怡华　　收料：朱永村

图 2-8　包装物入库单

中国工商银行支票存根（粤）	中国工商银行支票（粤）　GS 02034001
GS 02034001 附加信息 出票日期　年　月　日 收款人： 金　额： 用　途： 单位主管　　会计	付款期限自出票之日起十天 出票日期（大写）　年　月　日　　付款行名称： 收款人：　　出票人账号： 人民币（大写）　千 百 十 万 千 百 十 元 角 分 用途______　　密码______ 上列款项请从我账户内支付　　行号______ 出票人签章　　广东米奇服饰有限公司财务专用章　　韩敬冬 复核　　记账

（a）正面

图 2-9　中国工商银行支票（粤）

附加信息：	被背书人	被背书人	（粘贴单处）
	背书人签章 年 月 日	背书人签章 年 月 日	根据《中华人民共和国票据法》等法律法规的规定，签发空头支票由中国人民银行处以票面金额 5%但不低于 1 000 元的罚款。

（b）背面

图 2-9（续）

7）2017 年 5 月 8 日，领用材料，投入 500 件西服生产，如图 2-10 所示。

领 料 单

用途：生产西服　　2017 年 5 月 8 日　　领字第 00231 号

材料名称	规格型号	单位	请领数量	实发数量	金额/元
毛料		米	1 000	1 000	
棉布		米	1 000	1 000	
锦纶		米	1 000	1 000	

仓库主管：陈德明　　复核：杨欣梅　　发料：朱永材　　制单：梁芳

图 2-10　领料单

8）2017 年 5 月 8 日，向广东祥丰布业有限公司采购布料一批，收到增值税专用发票，开出支票支付材料款，布料尚未收到，如图 2-11 和图 2-12 所示。

广东增值税专用发票

全国统一发票监制章 广东 国家税务总局监制

4408241741　　发 票 联　　№ 421061305

开票日期：2017 年 5 月 8 日

购货单位	名　　称：广东米奇服饰有限公司 纳税人识别号：440162256268024 地 址 、电 话：中山市沙溪建设路 289 号 76327586 开户行及账号：中国工商银行沙溪支行 61682674052	密码区	（略）

货物或应税劳务、服务名称	规格型号	单位	数量	单价	金额	税率	税额
腈纶		米	2 000	13.20	26 400.00	17%	4 488.00
涤纶		米	1 600	10.80	17 280.00	17%	2 937.60
合计					¥43 680.00		¥7 425.60
价税合计（大写）	⊗伍万壹仟壹佰零伍元陆角整				（小写）¥51 105.60		

销货单位	名　　称：广东祥丰布业有限公司 纳税人识别号：440606498268020 地 址 、电 话：江门市江会路 172 号 82682584 开户行及账号：中国工商银行环市支行 41682543357	备注	广东祥丰布业有限公司 440606498268020 发票专用章

第三联 发票联 购货方记账凭证

收款人：张泽林　　复核：李立华　　开票人：陈红娜　　销货单位：（章）

图 2-11　广东增值税专用发票（发票联）

中国工商银行支票存根（粤）

GS 02034002

附加信息

出票日期 年 月 日

收款人：

金 额：

用 途：

单位主管 会计

付款期限自出票之日起十天

中国工商银行支票（粤） GS 02034002

出票日期（大写） 年 月 日 付款行名称：

收款人： 出票人账号：

人民币（大写）	千	百	十	万	千	百	十	元	角	分

用途________ 密码________

上列款项请从 行号________

我账户内支付

出票人签章

广东米奇服饰有限公司财务专用章

韩敬冬

复核 记账

（a）正面

附加信息：

被背书人

背书人签章

年 月 日

被背书人

背书人签章

年 月 日

（粘贴单处）

根据《中华人民共和国票据法》等法律法规的规定，签发空头支票由中国人民银行处以票面金额5%但不低于1 000元的罚款。

（b）背面

图 2-12 中国工商银行支票（粤）

9）2017年5月9日，领用材料，投入960件衬衫生产，如图2-13所示。

领 料 单

用途：生产衬衫　　　　2017年5月9日　　　　领字第00232号

材料名称	规格型号	单位	请领数量	实发数量	金额/元
锦纶		米	1 440	1 440	
棉布		米	960	960	

仓库主管：陈德明　　复核：杨欣梅　　发料：朱永材　　制单：梁芳

图 2-13 领料单

10）2017年5月9日，向广东曼琪纺织有限公司购买布料一批，收到增值税专用发票，布料已验收入库，款项以银行汇票支付，并收回多余银行汇票款，如图2-14～图2-16所示。

广东增值税专用发票

4408241741　　　　发票联　　　　№ 421061321

开票日期：2017年5月9日

购货单位	名　　称：广东米奇服饰有限公司 纳税人识别号：440162256268024 地址、电话：中山市沙溪建设路289号 76327586 开户行及账号：中国工商银行沙溪支行 61682674052				密码区	（略）	
货物或应税劳务、服务名称	规格型号	单位	数量	单价	金额	税率	税额
棉布		米	1 500	11.50	17 250.00	17%	2 932.50
亚麻		米	1 600	15.60	24 960.00	17%	4 243.20
合计					¥42 210.00		¥7 175.70
价税合计（大写）	⊗肆万玖仟叁佰捌拾伍元柒角整					（小写）¥49 385.70	
销货单位	名　　称：广东曼琪纺织有限公司 纳税人识别号：440305307268034 地址、电话：佛山市顺德南国中路64号 83682585 开户行及账号：中国建设银行南国支行 21629413054				备注	广东曼琪纺织有限公司 440305307268034 收款专用章	

收款人：张泽林　　复核：李立华　　开票人：陈红娜　　销货单位：（章）

第三联 发票联 购货方记账凭证

图 2-14　广东增值税专用发票（发票联）

收　料　单

2017年5月9日　　　　收字第01203号

材料名称	规格型号	单位	应收数量	实收数量	金额/元
棉布		米	1 500	1 500	17 250.00
亚麻		米	1 600	1 600	24 960.00

仓库主管：陈德明　　验收：李怡华　　收料：朱永材

图 2-15　收料单

中国工商银行
银行汇票（多余款收账通知）　4　　汇票号码

付款期限 壹个月

出票日期（大写）	贰零壹柒年零伍月零肆日	代理付款行：中国工商银行沙溪支行	行号：21683
收款人：广东曼琪纺织有限公司		账号：21629413054	
出票金额	人民币（大写）	伍万元整	
实际结算金额	人民币（大写）	肆万玖仟叁佰捌拾伍元柒角整	¥49385.70
申请人：广东米奇服饰有限公司		账号：61682674052	
出票行：中国工商银行沙溪支行		行号：21683	
备注：支付采购材料款	多余金额 ¥614.30	上列退回多余金额已收入你账户。	
复核　　经办		复核　　记账	

千	百	十	万	千	百	十	元	角	分
		¥	4	9	3	8	5	7	0

多余金额：

百	十	万	千	百	十	元	角	分
			¥	6	1	4	3	0

中国工商银行股份有限公司 中山沙溪支行 2017.5.9 办讫章（2）

此联出票行结算汇票时作多余款收账通知

图 2-16　中国工商银行银行汇票（多余款收账通知）

11）2017 年 5 月 9 日，向广东祥丰布业有限公司购买的腈纶、涤纶到达，验收合格入库，如图 2-17 所示。

收　料　单

2017 年 5 月 9 日　　　　收字第 01204 号

材料名称	规格型号	单位	应收数量	实收数量	金额/元
腈纶		米	2 000	2 000	26 400.00
涤纶		米	1 600	1 600	17 280.00

仓库主管：陈德明　　　　验收：李怡华　　　　收料：朱永材

图 2-17　收料单

12）2017 年 5 月 10 日，领用材料，投入 1 000 件针织衫生产，如图 2-18 所示。

领　料　单

用途：生产针织衫　　　　2017 年 5 月 10 日　　　　领字第 00233 号

材料名称	规格型号	单位	请领数量	实发数量	金额/元
腈纶		米	2000	2000	
棉布		米	1500	1500	

仓库主管：陈德明　　　　复核：杨欣梅　　　　发料：朱永材　　　　制单：梁芳

图 2-18　领料单

13）2017 年 5 月 11 日，领用材料，投入 800 件风衣生产，如图 2-19 所示。

领　料　单

用途：生产风衣　　　　2017 年 5 月 11 日　　　　领字第 00234 号

材料名称	规格型号	单位	请领数量	实发数量	金额/元
亚麻		米	1 600	1 600	
涤纶		米	1 600	1 600	

仓库主管：陈德明　　　　复核：杨欣梅　　　　发料：朱永材　　　　制单：梁芳

图 2-19　领料单

14）2017 年 5 月 12 日，向广东伟奇布业有限公司购买毛料 700 米、棉布 2 000 米，款项已付，如图 2-20 和图 2-21 所示。

4401281287

广东增值税专用发票

发票联

№ 432363036

开票日期：2017 年 5 月 12 日

购货单位	名　　称：广东米奇服饰有限公司 纳税人识别号：440162256268024 地 址 、电 话：中山市沙溪建设路 289 号 76327586 开户行及账号：中国工商银行沙溪支行 61682674052				密码区	（略）		
货物或应税劳务、服务名称	规格型号	单位	数量	单价	金额	税率	税额	
毛料		米	700	31.00	21 700.00	17%	3 698.00	
棉布		米	2 000	12.00	24 000.00	17%	4 080.00	
合计					¥45 700.00		¥7 769.00	
价税合计（大写）	⊗伍万叁仟肆佰陆拾玖元整				（小写）¥53 469.00			
销货单位	名　　称：广东伟奇布业有限公司 纳税人识别号：440101568268026 地 址 、电 话：广州市工业大道 62 号 56672584 开户行及账号：中国农业银行工业支行 11606313052				备注	广东伟奇布业有限公司 440101568268026 发票专用章		

第三联 发票联 购货方记账凭证

收款人：张佳纯　　复核：李丽芬　　开票人：尚晓娜　　销货单位：（章）

图 2-20 广东增值税专用发票（发票联）

电 汇 凭 证 （回单） 1 № 006890201

第　号　　委托日期　年　月　日

汇款人	全　称		收款人	全　称		
	账　号 或住址			账　号 或住址		
	汇　出 地　点	汇出行 名　称		汇　入 地　点	汇入行 名　称	
金额	人民币 （大写）			千 百 十 万 千 百 十 元 角 分		
汇款用途：						
上列款项已根据委托办理，如需查询，请持此回单来行面谈。				（汇出行盖章）		

此联汇出行给汇款人的回单

图 2-21 电汇凭证（回单）

15）2017 年 5 月 15 日，向广东伟奇布业有限公司购买的毛料、棉布，验收合格入库，如图 2-22 所示。

收 料 单

2017 年 5 月 15 日　　收字第 01205 号

材料名称	规格型号	单位	应收数量	实收数量	金额/元
毛料		米	700	700	21 700.00
棉布		米	2 000	2 000	24 000.00

仓库主管：陈德明　　验收：李怡华　　收料：朱永材

图 2-22 收料单

16）2017 年 5 月 15 日，向广东祥丰布业有限公司采购布料一批，收到增值税专用发票，开出商业承兑汇票支付材料款，布料尚未收到，如图 2-23 和图 2-24 所示。

广东增值税专用发票

4408241741　　　发　票　联　　　№ 421061307

开票日期：2017 年 5 月 15 日

购货单位	名　　称：广东米奇服饰有限公司 纳税人识别号：440162256268024 地 址 、电 话：中山市沙溪建设路 289 号 76327586 开户行及账号：中国工商银行沙溪支行 61682674052				密码区	（略）	
货物或应税劳务、服务名称	规格型号	单位	数量	单价	金额	税率	税额
锦纶		米	2 060	8.50	17 510.00	17%	2 976.70
合计					¥17 510.00		¥2 976.70
价税合计（大写）	⊗贰万零肆佰捌拾陆圆柒角整				（小写）¥20 486.70		
销货单位	名　　称：广东祥丰布业有限公司 纳税人识别号：440606498268020 地 址 、电 话：江门市江会路 172 号 82682584 开户行及账号：中国工商银行环市支行 41682543357				备注	广东祥丰布业有限公司 440606498268020 发票专用章	

收款人：张泽林　　　复核：李立华　　　开票人：陈红娜　　　销货单位：（章）

第三联　发票联　购货方记账凭证

图 2-23　广东增值税专用发票（发票联）

商业承兑汇票　　3

出票日期（大写）：贰零壹柒年零伍月壹拾伍日　　　汇票号码：0136301

付款人	全　称	广东米奇服饰有限公司	收款人	全　称	广东祥丰布业有限公司
	账　号	61682674052		账　号	41682543357
	开户银行	中国工商银行沙溪支行		开户银行	中国工商银行环市支行　行号 22472
出票金额	人民币（大写）	贰万零肆佰捌拾陆元柒角整	亿 千 百 十 万 千 百 十 元 角 元		¥ 2 0 4 8 6 7 0
汇票到期日（大写）		贰零壹柒年零捌月壹拾伍日	付款人开户行	行号	21683
交易合同号码		T04821		地址	中山市沙溪建设路 289 号
本汇票已经承兑，到期无条件支付票款。 韩敬冬　广东米奇服饰有限公司财务专用章 承兑人签章 2017 年 5 月 15 日			本汇票请予以承兑于到期日付款。 韩敬冬　广东米奇服饰有限公司财务专用章 出票人签章		

此联签发人（出票人）留存

图 2-24　商业承兑汇票

17）2017 年 5 月 16 日，向广东祥丰布业有限公司购买的锦纶，验收合格入库，如图 2-25 所示。

收 料 单

2017 年 5 月 16 日　　　　收字第 01206 号

材料名称	规格型号	单位	应收数量	实收数量	金额/元
锦纶		米	2 060	2 060	17 510.00

仓库主管：陈德明　　　　验收：李怡华　　　　收料：朱永材

图 2-25　收料单

18）2017 年 5 月 16 日，西服 450 件完工入库，如图 2-26 所示。

产成品入库单

2017 年 5 月 16 日　　　　收字第 201 号

产品名称	规格型号	单位	应收数量	实收数量	金额/元
西服		件	450	450	

仓库主管：陈德明　　　　复核：朱永材　　　　验收：李怡华　　　　制单：梁芳

图 2-26　产成品入库单

19）2017 年 5 月 16 日，领用材料，投入 320 件西服生产，如图 2-27 所示。

领 料 单

用途：生产西服　　　　2017 年 5 月 16 日　　　　领字第 00235 号

材料名称	规格型号	单位	请领数量	实发数量	金额/元
毛料		米	640	640	
棉布		米	640	640	
锦纶		米	640	640	

仓库主管：陈德明　　　　复核：杨欣梅　　　　发料：朱永材　　　　制单：梁芳

图 2-27　领料单

20）2017 年 5 月 16 日，衬衫 1 150 件完工入库，如图 2-28 所示。

产成品入库单

2017 年 5 月 16 日　　　　收字第 202 号

产品名称	规格型号	单位	应收数量	实收数量	金额/元
衬衫		件	1 150	1 150	

仓库主管：陈德明　　　　复核：朱永材　　　　验收：李怡华　　　　制单：梁芳

图 2-28　产成品入库单

21）2017 年 5 月 16 日，车间在产品库（指车间设置的，用于临时保管在产品的仓库）领用包装纸箱，如图 2-29 所示。

包装物出库单

用途：车间在产品包装　　2017 年 5 月 16 日　　领字第 2201 号

名称及规格	单位	请领数量	实发数量	单价/元	金额/元
包装纸箱	个	850	850	1.20	1 020.00

仓库主管：陈德明　　复核：杨欣梅　　发料：朱永材　　制单：梁芳

图 2-29 包装物出库单

22）2017 年 5 月 16 日，领用材料，投入 960 件衬衫生产，如图 2-30 所示。

领 料 单

用途：生产衬衫　　2017 年 5 月 16 日　　领字第 00236 号

材料名称	规格型号	单位	请领数量	实发数量	金额/元
锦纶		米	1 440	1 440	
棉布		米	960	960	

仓库主管：陈德明　　复核：杨欣梅　　发料：朱永材　　制单：梁芳

图 2-30 领料单

23）2017 年 5 月 16 日，向广东曼琪纺织有限公司购买布料一批，收到增值税专用发票，款项已付，布料尚未收到，如图 2-31 和图 2-32 所示。

4408241741　　**广东增值税专用发票**　　№ 421061326

（全国统一发票监制章　发票联　国家税务总局监制）

开票日期：2017 年 5 月 16 日

购货单位	名　　称：广东米奇服饰有限公司 纳税人识别号：440162256268024 地 址 、电 话：中山市沙溪建设路 289 号 76327586 开户行及账号：中国工商银行沙溪支行 61682674052				密码区	（略）	
货物或应税劳务、服务名称	规格型号	单位	数量	单价	金额	税率	税额
棉布		米	540	12.50	6 750.00	17%	1 147.50
亚麻		米	1 200	16.20	19 440.00	17%	3 304.80
合计					¥26 190.00		¥4 452.30
价税合计（大写）	⊗叁万零陆佰肆拾贰元叁角整				（小写）¥30 642.30		
销货单位	名　　称：广东曼琪纺织有限公司 纳税人识别号：440305307268034 地 址 、电 话：佛山市顺德南国中路 64 号 83682585 开户行及账号：中国建设银行南国支行 21629413054				备注	（广东曼琪纺织有限公司 440305307268034 收款专用章）	

第三联 发票联 购货方记账凭证

收款人：张泽林　　复核：李立华　　开票人：陈红娜　　销货单位：（章）

图 2-31 广东增值税专用发票（发票联）

电 汇 凭 证（回单）　　1　　No 006890202

第　　号　　　　　　　　　　　　委托日期　　年　　月　　日

汇款人	全　称				收款人	全　称									
	账　号 或住址					账　号 或住址									
	汇　出 地　点		汇出行 名　称			汇　入 地　点		汇入行 名　称							
金额	人民币 （大写）					千	百	十	万	千	百	十	元	角	分
汇款用途：															
上列款项已根据委托办理，如需查询，请持此回单来行面谈。						（汇出行盖章）									

此联汇出行给汇款人的回单

图 2-32　电汇凭证（回单）

24）2017 年 5 月 17 日，向广东曼琪纺织有限公司购买的布料，验收合格入库，如图 2-33 所示。

收　料　单

2017 年 5 月 17 日　　　　收字第 01207 号

材料名称	规格型号	单位	应收数量	实收数量	金额/元
棉布		米	540	540	6 750.00
亚麻		米	1 200	1 200	19 440.00

仓库主管：陈德明　　　　验收：李怡华　　　　收料：朱永材

图 2-33　收料单

25）2017 年 5 月 17 日，向广东祥丰布业有限公司采购布料一批，收到增值税专用发票，开出支票支付材料款，布料已验收入库，如图 2-34～图 2-36 所示。

广东增值税专用发票

4408241741　　　　发票联　　　　№ 421061309

开票日期：2017 年 5 月 17 日

购货单位	名　　称：广东米奇服饰有限公司 纳税人识别号：440162256268024 地址、电话：中山市沙溪建设路 289 号 76327586 开户行及账号：中国工商银行沙溪支行 61682674052				密码区	（略）	
货物或应税劳务、服务名称	规格型号	单位	数量	单价	金额	税率	税额
腈纶		米	1 400	13.80	19 320.00	17%	3 284.40
涤纶		米	1 300	10.60	13 780.00	17%	2 342.60
合计					¥33 100.00		¥5 627.00
价税合计（大写）	⊗叁万捌仟柒佰贰拾柒圆整				（小写）¥38 727.00		
销货单位	名　　称：广东祥丰布业有限公司 纳税人识别号：440606498268020 地址、电话：江门市江会路 172 号 82682584 开户行及账号：中国工商银行环市支行 41682543357				备注	广东祥丰布业有限公司 440606498268020 发票专用章	

第三联　发票联　购货方记账凭证

收款人：张泽林　　　　复核：李立华　　　　开票人：陈红娜　　　　销货单位：（章）

图 2-34　广东增值税专用发票（发票联）

中国工商银行支票存根（粤）

GS 02034003

附加信息

出票日期 年 月 日

收款人：	
金 额：	
用 途：	

单位主管 会计

付款期限自出票之日起十天

中国工商银行支票（粤） GS 02034003

出票日期（大写） 年 月 日 付款行名称：

收款人： 出票人账号：

人民币（大写）	千	百	十	万	千	百	十	元	角	分

用途 密码

上列款项请从 行号

我账户内支付

出票人签章 广东米奇服饰有限公司财务专用章 韩敬冬

复核 记账

（a）正面

附加信息：

被背书人	被背书人
背书人签章 年 月 日	背书人签章 年 月 日

（粘贴单处）

根据《中华人民共和国票据法》等法律法规的规定，签发空头支票由中国人民银行处以票面金额5%但不低于1 000元的罚款。

（b）背面

图2-35 中国工商银行支票（粤）

收 料 单

2017年5月17日 收字第01208号

材料名称	规格型号	单位	应收数量	实收数量	金额/元
腈纶		米	1 400	1 400	19 320.00
涤纶		米	1 300	1 300	13 780.00

仓库主管：陈德明 验收：李怡华 收料：朱永材

图2-36 收料单

26）2017年5月17日，针织衫1 000件完工，经检验990件合格入库，另10件为可修复损失，如图2-37所示。

产成品入库单

2017 年 5 月 17 日　　　　收字第 203 号

产品名称	规格型号	单位	应收数量	实收数量	备注
针织衫		件	1 000	990	10 件为可修复损失

仓库主管：陈德明　　复核：朱永材　　验收：李怡华　　制单：梁芳

图 2-37　产成品入库单

27）2017 年 5 月 18 日，领用材料，投入 680 件针织衫生产，如图 2-38 所示。

领　料　单

用途：生产针织衫　　2017 年 5 月 18 日　　领字第 00237 号

材料名称	规格型号	单位	请领数量	实发数量	金额/元
腈纶		米	1 360	1 360	
棉布		米	1 020	1 020	

仓库主管：陈德明　　复核：杨欣梅　　发料：朱永材　　制单：梁芳

图 2-38　领料单

28）2017 年 5 月 18 日，风衣 850 件完工，验收合格入库，如图 2-39 所示。

产成品入库单

2017 年 5 月 18 日　　　　收字第 204 号

产品名称	规格型号	单位	应收数量	实收数量	金额/元
风衣		件	850	850	

仓库主管：陈德明　　复核：朱永材　　验收：李怡华　　制单：梁芳

图 2-39　产成品入库单

29）2017 年 5 月 18 日，领用材料，投入 10 件可修复针织衫的修复，如图 2-40 所示。

领　料　单

用途：修复针织衫　　2017 年 5 月 18 日　　领字第 00238 号

材料名称	规格型号	单位	请领数量	实发数量	金额/元
棉布		米	10	10	

仓库主管：陈德明　　复核：杨欣梅　　发料：朱永材　　制单：梁芳

图 2-40　领料单

30）2017 年 5 月 19 日，针织衫 10 件修复完工，验收合格入库，如图 2-41 所示。

产成品入库单

2017 年 5 月 19 日　　　　收字第 205 号

产品名称	规格型号	单位	应收数量	实收数量	金额/元
针织衫		件	10	10	

仓库主管：陈德明　　复核：朱永材　　验收：李怡华　　制单：梁芳

图 2-41　产成品入库单

31）2017 年 5 月 19 日，领用材料，投入 620 件风衣生产，如图 2-42 所示。

领　料　单

用途：生产风衣　　2017 年 5 月 19 日　　领字第 00239 号

材料名称	规格型号	单位	请领数量	实发数量	金额/元
亚麻		米	1 240	1 240	
涤纶		米	1 240	1 240	

仓库主管：陈德明　　复核：杨欣梅　　发料：朱永材　　制单：梁芳

图 2-42　领料单

32）2017 年 5 月 22 日，公司仓库领用包装纸箱，如图 2-43 所示。

包装物出库单

用途：产品保管包装　　2017 年 5 月 22 日　　领字第 2202 号

名称及规格	单位	请领数量	实发数量	单价/元	金额/元
包装纸箱	个	100	100	1.20	120.00

仓库主管：陈德明　　复核：杨欣梅　　发料：朱永材　　制单：梁芳

图 2-43　包装物出库单

33）2017 年 5 月 22 日，购买生产车间办公用硒鼓，如图 2-44 和图 2-45 所示。

广东增值税普通发票

（印章：全国统一发票监制章 广东 国家税务总局监制）

4416641746　　广东　发票联　　№ 121208931

开票日期：2017 年 05 月 22 日

购货单位	名　　称：广东米奇服饰有限公司 纳税人识别号：440162256268024 地 址 、电 话：中山市沙溪建设路 289 号 76327586 开户行及账号：中国工商银行沙溪支行 61682674052				密码区	（略）		
货物或应税劳务、服务名称	规格型号	单位	数量	单价	金额	税率	税额	
硒鼓		个	10	90.485	904.85	3%	27.15	
合计					¥904.85		¥27.15	
价税合计（大写）	⊗玖佰叁拾贰元整				（小写）¥932.00			
销货单位	名　　称：中山新月文化用品公司 纳税人识别号：440163443246024 地 址 、电 话：中山市沙溪建设路 196 号 76669852 开户行及账号：中国工商银行沙溪支行 61687313156				备注	（印章：中山新月文化用品公司 440163443246024 发票专用章）		

第二联　发票联　购货方记账凭证

收款人：黄丽虹　　复核：谢晴　　开票人：肖联新　　销货单位：（章）

图 2-44　广东增值税普通发票（发票联）

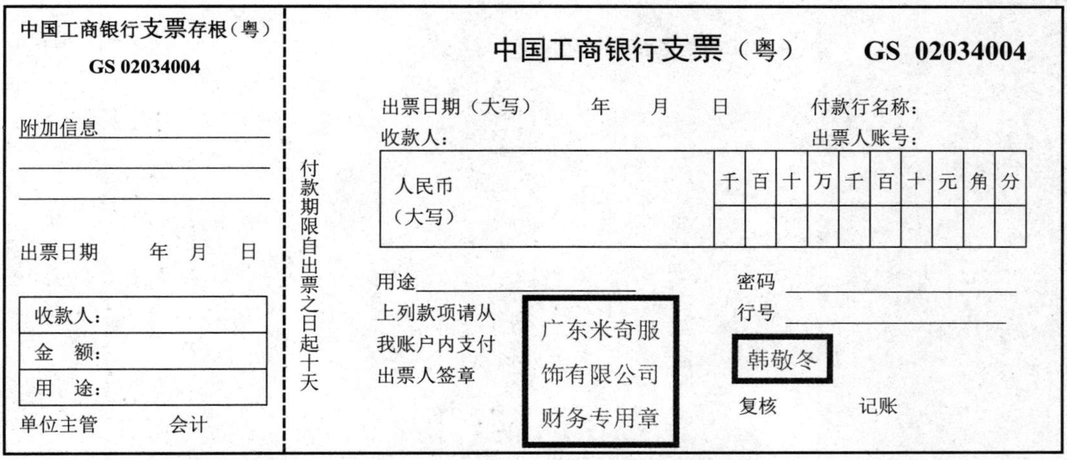
中国工商银行支票存根（粤）
GS 02034004
附加信息
出票日期 年 月 日
收款人：
金 额：
用 途：
单位主管 会计
付款期限自出票之日起十天
中国工商银行支票（粤） GS 02034004
出票日期（大写） 年 月 日 付款行名称：
收款人： 出票人账号：
人民币（大写） 千 百 十 万 千 百 十 元 角 分
用途
上列款项请从我账户内支付
出票人签章
广东米奇服饰有限公司财务专用章
韩敬冬
密码
行号
复核 记账

（a）正面

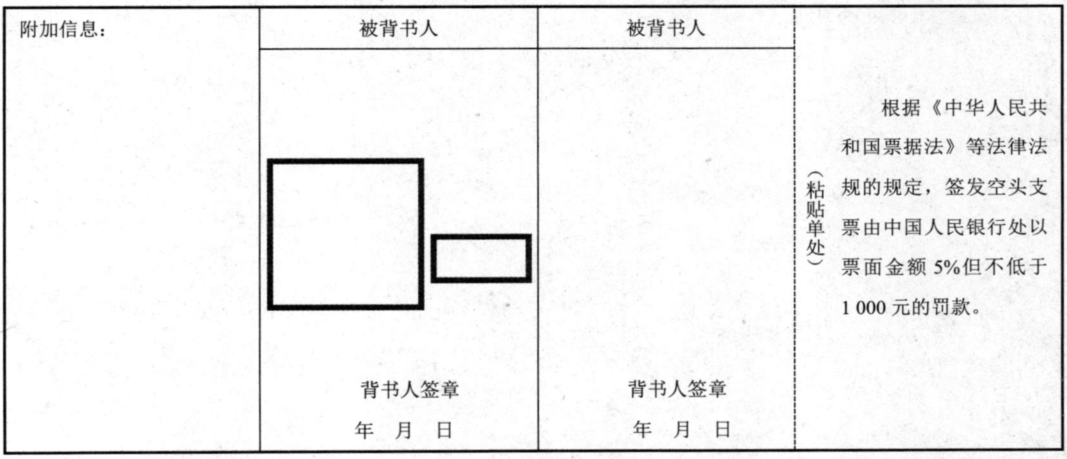
附加信息：
被背书人
被背书人
背书人签章
年 月 日
背书人签章
年 月 日
（粘贴单处）
根据《中华人民共和国票据法》等法律法规的规定，签发空头支票由中国人民银行处以票面金额5%但不低于1 000元的罚款。

（b）背面

图 2-45 中国工商银行支票（粤）

34）2017年5月23日，西服350件完工，验收合格入库，如图2-46所示。

产成品入库单

2017年5月23日 收字第206号

产品名称	规格型号	单位	应收数量	实收数量	金额/元
西服		件	350	350	

仓库主管：陈德明 复核：朱永材 验收：李怡华 制单：梁芳

图 2-46 产成品入库单（西服）

35）2017年5月24日，衬衫850件完工，验收合格入库，如图2-47所示。

产成品入库单

2017 年 5 月 24 日　　　　收字第 207 号

产品名称	规格型号	单位	应收数量	实收数量	金额/元
衬衫		件	850	850	

仓库主管：陈德明　　复核：朱永材　　验收：李怡华　　制单：梁芳

图 2-47　产成品入库单（衬衫）

36）2017 年 5 月 25 日，针织衫 600 件完工，验收合格入库，如图 2-48 所示。

产成品入库单

2017 年 5 月 25 日　　　　收字第 208 号

产品名称	规格型号	单位	应收数量	实收数量	金额/元
针织衫		件	600	600	

仓库主管：陈德明　　复核：朱永材　　验收：李怡华　　制单：梁芳

图 2-48　产成品入库单（针织衫）

37）2017 年 5 月 26 日，风衣 550 件完工，验收合格入库，如图 2-49 所示。

产成品入库单

2017 年 5 月 26 日　　　　收字第 209 号

产品名称	规格型号	单位	应收数量	实收数量	金额/元
风衣		件	550	550	

仓库主管：陈德明　　复核：朱永材　　验收：李怡华　　制单：梁芳

图 2-49　产成品入库单（风衣）

38）2017 年 5 月 31 日，计算发出材料成本，采用月末一次加权平均法，如图 2-50 和图 2-51 所示。

发出材料单位成本计算表

2017 年 5 月 31 日　　　　单位：元

材料名称	期初余额			本期购进				加权单位成本
	数量	单价	金额	购进时间	数量	单价	金额	
毛料								
棉布								
锦纶								
腈纶								
亚麻								
涤纶								

会计主管：郭楚怡　　复核：杨欣梅　　制表：谢丽晴

图 2-50　发出材料单位成本计算表

发出材料成本汇总表

2017 年 5 月 31 日　　单位：元

部门/用途	毛料			棉布			锦纶			腈纶			亚麻			涤纶			合计
	数量	单价	金额	数量	单价	金额	数量	单价	金额	数量	单价	金额	数量	单价	金额	数量	单价	金额	
西服																			
衬衫																			
针织衫																			
风衣																			
修复针织衫																			
合计																			

会计主管：郭楚怡　　复核：杨欣梅　　制表：谢丽晴

图 2-51　发出材料成本汇总表

39）2017 年 5 月 31 日，计算分配本月工资费用，如图 2-52 所示。

工资结算汇总表

2017 年 5 月　　单位：元

部门人员或用途	基本工资	加班工资	津贴补贴	奖金	应付工资	代扣款	实发工资
生产西服	24 192.00	4 480.00	9 676.80	8 938.24	49 287.04		
生产针织衫	22 464.00	5 864.00	8 785.60	11 810.08	48 923.68		
生产衬衫	12 664.00	4 164.00	6 785.40	8 210.06	31 823.46		
生产风衣	25 192.00	7 680.00	11 076.90	12 338.38	56 287.28		
车间管理人员	11 236.00	1 659.60	6 406.20	2 072.16	21 373.96		
行政管理人员	11 052.00	1 968.00	3 877.20	2 233.76	19 130.96		
销售人员	14 384.00	2 836.30	2 164.50	1 758.46	21 143.26		
合计	121 184.00	28 651.90	48 772.60	47 361.14	247 969.64		

会计主管：郭楚怡　　复核：杨欣梅　　制表：谢丽晴

图 2-52　工资结算汇总表

40）2017 年 5 月 31 日，计提本月固定资产折旧，如图 2-53 所示。

折旧计算表

2017 年 5 月 31 日　　单位：元

固定资产类型	固定资产价值	月折旧率	月折旧额
生产用固定资产	4 168 000.00	0.85%	35 428.00
非生产用固定资产	1 594 000.00	0.55%	8 767.00
合计	5 762 000.00	—	44 195.00

会计主管：郭楚怡　　复核：杨欣梅　　制表：谢丽晴

图 2-53　折旧计算表

41）2017 年 5 月 31 日，计算分配本月电费，如图 2-54 所示。

电费分配表

2017 年 5 月

部门或用途	用电量/度	单价/（元/度）	应分配电费/元
生产西服	18 240	0.95	
生产针织衫	18 240	0.95	
生产衬衫	9 120	0.95	
生产风衣	19 152	0.95	
车间管理	1 835	0.95	
行政管理	2 786	0.95	
销售机构	2 523	0.95	
合计	71 896	0.95	

会计主管：郭楚怡 复核：杨欣梅 制表：谢丽晴

图 2-54 电费分配表

42）2017 年 5 月 31 日，计算分配本月水费，如图 2-55 所示。

水费分配表

2017 年 5 月

部门或用途	用水量/吨	单价/（元/吨）	应分配水费/元
生产西服	400	1.93	
生产针织衫	400	1.93	
生产衬衫	200	1.93	
生产风衣	420	1.93	
车间管理	172	1.93	
行政管理	99	1.93	
销售机构	126	1.93	
合计	1 817	1.93	

会计主管：郭楚怡 复核：杨欣梅 制表：谢丽晴

图 2-55 水费分配表

43）2017 年 5 月 31 日，分配结转本月制造费用，如图 2-56 所示。

制造费用分配表

2017 年 5 月 31 日

产品项目	分配标准/时	分配率/（元/时）	分配金额/元
生产西服	1 600		
生产针织衫	1 600		
生产衬衫	800		
生产风衣	1 680		
合计	5 680		

会计主管：郭楚怡 复核：杨欣梅 制表：谢丽晴

图 2-56 制造费用分配表

44）2017 年 5 月 31 日，分配结转本月废品净损失，如图 2-57 所示。

内部转账单

2017 年 5 月 31 日　　　　转字第 201 号

摘要	结转科目			转入科目		
	总账科目	明细科目	金额/元	总账科目	明细科目	金额/元
合计						

会计主管：郭楚怡　　　　会计：杨欣梅　　　　制表：谢丽晴

图 2-57　内部转账单

45）2017 年 5 月 31 日，计算完工产品成本，如图 2-58～图 2-61 所示。

完工产品成本计算单

2017 年 5 月 31 日　　　　单位：元

产品名称：西服/件　　　　完工产品数量：

项目	直接材料	直接人工	电费	水费	制造费用	其他费用	合计
期初在产品成本							
本月生产费用							
生产费用合计							
完工产品成本							
期末在产品成本							
单位成本							

会计主管：郭楚怡　　　　复核：杨欣梅　　　　制表：谢丽晴

图 2-58　完工产品成本计算单（西服）

完工产品成本计算单

2017 年 5 月 31 日　　　　单位：元

产品名称：针织衫/件　　　　完工产品数量：

项目	直接材料	直接人工	电费	水费	制造费用	其他费用	合计
期初在产品成本							
本月生产费用							
生产费用合计							
完工产品成本							
期末在产品成本							
单位成本							

会计主管：郭楚怡　　　　复核：杨欣梅　　　　制表：谢丽晴

图 2-59　完工产品成本计算单（针织衫）

完工产品成本计算单

2017年5月31日　　　　　　　　　　　　　　单位：元

产品名称：衬衫/件　　　　　　　　　　　　　　　　完工产品数量：

项目	直接材料	直接人工	电费	水费	制造费用	其他费用	合计
期初在产品成本							
本月生产费用							
生产费用合计							
完工产品成本							
期末在产品成本							
单位成本							

会计主管：郭楚怡　　　　　　　复核：杨欣梅　　　　　　　制表：谢丽晴

图2-60　完工产品成本计算单（衬衫）

完工产品成本计算单

2017年5月31日　　　　　　　　　　　　　　单位：元

产品名称：风衣/件　　　　　　　　　　　　　　　　完工产品数量：

项目	直接材料	直接人工	电费	水费	制造费用	其他费用	合计
期初在产品成本							
本月生产费用							
生产费用合计							
完工产品成本							
期末在产品成本							
单位成本							

会计主管：郭楚怡　　　　　　　复核：杨欣梅　　　　　　　制表：谢丽晴

图2-61　完工产品成本计算单（风衣）

实训三 销售业务

核算规则

1. 采用《小企业会计准则》进行核算。
2. 采用通用记账凭证填制凭证。
3. 采用记账凭证核算形式登记总账。
4. 库存商品采用实际成本法核算。
5. 采用月末一次加权平均法计算发出产品成本。
6. 该企业为一般纳税人，增值税税率为 17%。
7. 计算数据保留到 2 位小数。

实训要求

1. 填制原始凭证。
2. 编制各经济业务的会计分录。
3. 编制通用记账凭证并装订成册。
4. 登记明细分类账（主营业务收入、主营业务成本）。
5. 登记总账（主营业务收入、主营业务成本、本年利润）。

一、相关知识

1. 会计核算形式

会计核算形式，也称会计核算组织程序或账务处理程序，是指在会计核算中，以账簿体系为核心，将会计凭证组织、账簿组织、报表组织及记账程序和记账方法有机结合的技术组织方式。在实际工作中一般采用的会计核算形式包括记账凭证核算形式、科目汇总表核算形式和汇总记账凭证核算形式等。

1）记账凭证核算形式，是根据原始凭证或汇总原始凭证填制记账凭证，并据以登记总分类账的一种会计核算形式。其特点是直接根据记账凭证逐笔登记总分类账。记账凭证核算形式是最基本的会计核算形式。

2）科目汇总表核算形式，又称记账凭证汇总表核算形式，是指先定期根据记账凭证汇总编制科目汇总表，再根据科目汇总表登记总分类账的会计核算形式。科目汇总表是根据一定时期内的全部记账凭证按总账科目进行汇总，据以计算出每一总账科目的本期借方发生额合计数和贷方发生额合计数，作为登记总分类账依据的凭证。

3）汇总记账凭证核算形式，是指先根据记账凭证编制汇总记账凭证，再根据汇总记账凭证登记总账的一种会计核算形式。汇总记账凭证通常包括汇总收款凭证、汇总付款凭证和汇总转账凭证三种。

汇总收款凭证按现金或银行存款科目的借方分别设置，将汇总期内的全部收款凭证，按其对应的贷方科目进行归类，计算出每一贷方科目的发生额合计数，填入汇总收款凭证中的相应的栏目。汇总付款凭证按现金或银行存款科目的贷方分别设置，将汇总期内的全部付款凭证按其对应的借方科目进行归类，计算出每一借方科目的发生额合计数，填入汇总付款凭证相应的栏目。汇总转账凭证按转账凭证中每一贷方科目分别设置，将汇总期内的全部转账凭证按其对应的借方科目进行归类，计算出每一借方科目发生额合计数，填入汇总转账凭证相应的栏目。在汇总记账凭证核算形式下，为便于编制汇总转账凭证，要求编制一借一贷或一贷多借对应关系的转账凭证，而不能编制一借多贷的转账凭证。

2. 会计账簿的概念及类型

会计账簿，是以经过审核的会计凭证为依据，由具有专门格式和相互联系的账页组成，用来分门别类地、连续地登记各项经济业务的簿册。账簿按其用途可分为日记账、分类账和备查账三种。

1）日记账，又称序时账，是指按照经济业务发生或完成时间的先后顺序逐日逐笔进行登记的账簿。日记账包括现金日记账和银行存款日记账两种。现金日记账是用来核算和反映每日现金的收入、支出和结存情况的账簿。现金日记账由出纳员根据现金收付的有关记账凭证，按时间先后顺序逐日逐笔进行登记。银行存款日记账是用来核算和反映每日银行存款的收入、支出和结存情况的账簿。银行存款日记账由出纳员根据银行存款收付的有关记账凭证，按时间先后顺序逐日逐笔进行登记。

2）分类账，是指对全部经济业务按照总分类账户和明细分类账户进行分类登记的账簿。分类账分为总分类账和明细分类账两种。总分类账，简称总账，是指按总分类账户开设的账簿。明细分类账，简称明细账，是指按明细分类账户开设的账簿。

3）备查账，是指对某些日记账、分类账中不予登记或登记不够详细的经济事项进行补充登记的一种账簿。

二、核算资料

1. 企业资料

核算企业资料如表1-1所示。

企业客户资料如表3-1所示。

表3-1　企业客户资料

名称	开户账号	地址、电话	开户银行	行号	纳税人识别号
广东千秋服饰有限公司	11634153054	广州市花城大道72号 56637584	中国工商银行花城支行	02496	440105564568023
广东秋实服饰有限公司	31676243355	佛山市福贤路136号 68682747	中国银行福贤支行	12532	440303443268027

续表

名称	开户账号	地址、电话	开户银行	行号	纳税人识别号
广东万邦服饰有限公司	13657443035	广州市临江大道 9 号 87697282	中国建设银行临江支行	15032	440106208235036
广东千姿服饰有限公司	42934783058	珠海市石花西路 12 号 88396432	中国工商银行石花支行	32059	440506835254026
广东祥美服饰有限公司	61722683058	中山市沙溪工业大道 126 号 76315542	中国银行沙溪支行	25056	440166835268026

2. 期初余额

广东米奇服饰有限公司 2017 年 6 月 30 日部分总账账户期末余额如表 3-2 所示。

表 3-2　总账账户期末余额表

2017 年 6 月 30 日　　单位：元

总账账户	借方余额	贷方余额
主营业务收入		0
主营业务成本	0	
本年利润		0
合计	0	0

3. 预留银行印鉴

预留银行印鉴如图 1-1 所示。

三、经济业务

1）2017 年 7 月 3 日，根据合同向广东千秋服饰有限公司销售衬衫 280 件、单价为 95 元，风衣 300 件、单价为 196 元，开出增值税专用发票，已办理托收手续，款项尚未收到，如图 3-1～图 3-3 所示。

广东增值税专用发票

4601041141　　　　此联不作报销、扣税凭证使用　　　　№ 031137301

开票日期：　　年　　月　　日

购货单位	名　　称： 纳税人识别号： 地 址 、电 话： 开户行及账号：				密码区	（略）		
货物或应税劳务、服务名称	规格型号	单位	数量	单价		金额	税率	税额
合计								
价税合计（大写）	⊗					（小写）		
销货单位	名　　称： 纳税人识别号： 地 址 、电 话： 开户行及账号：				备注			

收款人：谢丽晴　　复核：杨欣梅　　开票人：王耀林　　销货单位：（章）

第一联 记账联 销货方记账凭证

图 3-1　广东增值税专用发票（记账联）

托收凭证（受理回单）　1

委托日期：　　年　　月　　日

业务类型	委托收款（☐邮划、☑电划）			托收承付（☐邮划、☐电划）		
付款人	全 称		收款人	全 称		
	账 号			账 号		
	地 址	市 县　开户行		地 址	市 县　开户行	
金额	人民币（大写）				亿 千 百 十 万 千 百 十 元 角 分	
款项内容		托收凭据名称		附寄单证张数		
商品发运情况				合同名称号码		
备注： 复核　记账		款项收妥日期： 年　月　日		收款人开户银行签章		

中国工商银行股份有限公司 中山沙溪支行 2017.7.3 办讫章 (4)

此联作收款人开户银行给收款人的受理回单

图 3-2　托收凭证（受理回单）

产品出库单

2017 年 7 月 3 日　　第 3401 号

产品名称	规格	型号	单位	数量	单位成本	金额/元
衬衫			件	280		
风衣			件	300		

仓库主管：陈德明　　复核：杨欣梅　　发货：朱永材　　制单：梁芳

图 3-3　产品出库单

2）2017 年 7 月 3 日，产品配送库（指企业销售部门设置的，用于临时保管待配送产品的仓库）领用包装纸箱，用于产品销售包装，如图 3-4 所示。

包装物出库单

用途：产品销售包装　　2017 年 7 月 3 日　　领字第 2301 号

名称及规格	单位	请领数量	实发数量	单价/元	金额/元
包装纸箱	个	200	200	1.20	240.00

仓库主管：陈德明　　复核：杨欣梅　　发料：朱永材　　制单：梁芳

图 3-4　包装物出库单

3）2017 年 7 月 5 日，收到千秋服饰有限公司支付的 7 月 3 日的货款，如图 3-5 所示。

托收凭证（收账通知）　4

付款期限　年　月　日

委托日期：　年　月　日

业务类型	委托收款（□邮划、☑电划）　托收承付（□邮划、□电划）					
付款人	全称		收款人	全称		
	账号			账号		
	地址	省　市县　开户行		地址	省　市县　开户行	
金额	人民币（大写）				亿 千 百 十 万 千 百 十 元 角 分	
款项内容		托收凭据名称		附寄单证张数		
商品发运情况				合同名称号码		
备注： 复核　记账		款项收妥日期： 年　月　日		中国工商银行股份有限公司 中山沙溪支行 2017.7.5 办讫章 (4) 收款人开户银行签章		

此联作收款人开户银行给收款人的收账通知

图 3-5　托收凭证（收账通知）

4）2017 年 7 月 6 日，根据合同向广东千姿服饰有限公司销售西服 100 件、单价为 380 元，针织衫 300 件、单价为 150 元，开出增值税专用发票，款项已收存银行，如图 3-6～图 3-9 所示。

4601041141　　**广东增值税专用发票**　　№ 031137302

此联不作报销、扣税凭证使用

开票日期：　　年　　月　　日

购货单位	名　　称： 纳税人识别号： 地 址 、电 话： 开户行及账号：				密码区	（略）	
货物或应税劳务、服务名称 合计	规格型号	单位	数量	单价	金额	税率	税额
价税合计（大写）	⊗					（小写）	
销货单位	名　　称： 纳税人识别号： 地 址 、电 话： 开户行及账号：				备注		

第一联　记账联　销货方记账凭证

收款人：谢丽晴　　复核：杨欣梅　　开票人：王耀林　　销货单位：（章）

图 3-6　广东增值税专用发票（记账联）

中国工商银行支票（粤）　　**GS 03053031**

付款期限自出票之日起十天

出票日期（大写）贰零壹柒 年 零柒 月 零陆 日　　付款行名称：中国工商银行石花支行

收款人：广东米奇服饰有限公司　　出票人账号：42934783058

人民币（大写）	千	百	十	万	千	百	十	元	角	分
玖万柒仟壹佰壹拾元整			¥	9	7	1	1	0	0	0

用途 支付货款　　密码

上列款项请从　　行号

我账户内支付

出票人签章　　广东千姿服饰有限公司财务专用章　　王德胜

复核　　记账

（a）正面

附加信息：	被背书人	被背书人
	背书人签章 年　月　日	背书人签章 年　月　日

（b）背面

图 3-7　中国工商银行支票（粤）

中国工商银行进账单 （回单） 1

年 月 日

出票人	全 称		收款人	全 称	
	账 号			账 号	
	开户银行			开户银行	
金额	人民币（大写）			亿 千 百 十 万 千 百 十 元 角 分	
票据种类		票据张数		开户银行盖章	
票据号码					
复核 记账					

此联是开户银行交给持（出）票人的回单

图 3-8 中国工商银行进账单（回单）

产品出库单

2017 年 7 月 6 日 第 3402 号

产品名称	规格	型号	单位	数量	单位成本	金额/元
西服			件	100		
针织衫			件	300		

仓库主管：陈德明 复核：杨欣梅 发货：朱永材 制单：梁芳

图 3-9 产品出库单

5）2017 年 7 月 7 日，根据合同向广东秋实服饰有限公司销售西服 400 件、原价为 380 元，针织衫 600 件、原价为 160 元，考虑到销售量较大，给予九五折优惠，开出增值税专用发票，收到广东秋实服饰有限公司开出的商业承兑汇票，如图 3-10～图 3-12 所示。

广东省增值税专用发票

4601041141 № 031137303

此联不作报销、扣税凭证使用

开票日期： 年 月 日

购货单位	名 称： 纳税人识别号： 地 址、电话： 开户行及账号：			密码区	（略）		
货物或应税劳务、服务名称	规格型号	单位	数量	单价	金额	税率	税额
合计							
价税合计（大写）	⊗				（小写）		
销货单位	名 称： 纳税人识别号： 地 址、电话： 开户行及账号：			备注			

第一联 记账联 销货方记账凭证

收款人：谢丽晴 复核：杨欣梅 开票人：王耀林 销货单位：（章）

图 3-10 广东增值税专用发票（记账联）

商业承兑汇票　　2

出票日期（大写）：贰零壹柒年柒月零柒日　　汇票号码：0336395

<table>
<tr><td rowspan="3">付款人</td><td>全　称</td><td>广东秋实服饰有限公司</td><td rowspan="3">收款人</td><td>全　称</td><td colspan="3">广东米奇服饰有限公司</td></tr>
<tr><td>账　号</td><td>31676243355</td><td>账　号</td><td colspan="3">61682674052</td></tr>
<tr><td>开户银行</td><td>中国银行福贤支行</td><td>开户银行</td><td>中国工商银行沙溪支行</td><td>行号</td><td>21683</td></tr>
<tr><td colspan="2">出票金额</td><td colspan="3">人民币（大写）贰拾柒万伍仟陆佰伍拾贰元整</td><td colspan="3">亿 千 百 十 万 千 百 十 元 角 元
¥ 2 7 5 6 5 2 0 0</td></tr>
<tr><td colspan="2">汇票到期日（大写）</td><td>贰零壹柒年零玖月零柒日</td><td rowspan="2">付款人开户行</td><td>行号</td><td colspan="3">12532</td></tr>
<tr><td colspan="2">交易合同号码</td><td>T01216</td><td>地址</td><td colspan="3">佛山市福贤路136号</td></tr>
<tr><td colspan="3">本汇票已经承兑，到期无条件支付票款。
陈婉秋　广东秋实服饰有限公司财务专用章
承兑人签章
2017年7月7日</td><td colspan="5">本汇票请予以承兑于到期日付款。
陈婉秋　广东秋实服饰有限公司财务专用章
出票人签章</td></tr>
</table>

此联为持票人开户行随托收凭证寄付款人开户行作借方凭证附件

图 3-11　商业承兑汇票

产品出库单

2017年7月7日　　第3403号

产品名称	规格	型号	单位	数量	单位成本	金额/元
西服			件	400		
针织衫			件	600		

仓库主管：陈德明　　复核：杨欣梅　　发货：朱永材　　制单：梁芳

图 3-12　产品出库单

6）2017年7月10日，根据合同向广东万邦服饰有限公司销售衬衫400件、单价为90元，风衣200件、单价为195元，开出增值税专用发票。合同约定，按含税价款提供现金折扣，现金折扣条件为（2/10，1/20，n/30），如图3-13和图3-14所示。

4601041141

广东增值税专用发票

№ 031137304

此联不作报销、扣税凭证使用

开票日期： 年 月 日

<table>
<tr><td rowspan="4">购货单位</td><td colspan="5">名　　称：
纳税人识别号：
地 址 、电 话：
开户行及账号：</td><td>密码区</td><td colspan="2">（略）</td><td rowspan="6">第一联 记账联 销货方记账凭证</td></tr>
<tr><td>货物或应税劳务、服务名称</td><td>规格型号</td><td>单位</td><td>数量</td><td>单价</td><td>金额</td><td>税率</td><td>税额</td></tr>
<tr><td>合计</td><td></td><td></td><td></td><td></td><td></td><td></td><td></td></tr>
<tr><td>价税合计（大写）</td><td colspan="7">⊗　　　　（小写）</td></tr>
<tr><td>销货单位</td><td colspan="5">名　　称：
纳税人识别号：
地 址 、电 话：
开户行及账号：</td><td>备注</td><td colspan="2"></td></tr>
</table>

收款人：谢丽晴　　复核：杨欣梅　　开票人：王耀林　　销货单位：（章）

图 3-13 广东增值税专用发票（记账联）

产品出库单

2017 年 7 月 10 日　　第 3404 号

产品名称	规格	型号	单位	数量	单位成本	金额/元
衬衫			件	400		
风衣			件	200		

仓库主管：陈德明　　复核：杨欣梅　　发货：朱永材　　制单：梁芳

图 3-14 产品出库单

7）2017 年 7 月 12 日，本月 6 日销售给广东千姿服饰有限公司的针织衫，经检验有 10 件针织衫的规格与合同不符，广东千姿服饰有限公司要求这 10 件针织衫给予 20%的折让。经核查广东千姿服饰有限公司的要求合理，广东米奇服饰有限公司同意并办妥了相关手续，如图 3-15～图 3-18 所示。

销售折让审批单

2017 年 7 月 12 日　　单位：元

购买单位	广东千姿服饰有限公司		销售折让原因	10 件针织衫的规格与合同不符	
商品名称	销售时间	折让数量	价税金额	折让率	折让金额
针织衫	2017.7.6	10 件	1 755.00	20%	351.00
合计	—	—	¥1 775.00	20%	¥351.00

会计主管：郭楚怡　　销售主管：王裕峰　　制表：梁芳

图 3-15 销售折让审批单

开具红字增值税专用发票信息表

填开日期：2017 年 7 月 12 日

<table>
<tr><td rowspan="2">销售方</td><td>名　　称</td><td>广东米奇服饰有限公司</td><td rowspan="2">购买方</td><td>名　称</td><td colspan="2">广东千姿服饰有限公司</td></tr>
<tr><td>纳税人识别号</td><td>440162256268024</td><td>纳税人识别号</td><td colspan="2">440506835254026</td></tr>
<tr><td rowspan="5">开具红字专用发票内容</td><td>货物（劳务服务）名称</td><td>数量</td><td>单价</td><td>金额</td><td>税率</td><td>税额</td></tr>
<tr><td>针织衫</td><td></td><td></td><td>300.00</td><td>17%</td><td>51.00</td></tr>
<tr><td></td><td></td><td></td><td></td><td></td><td></td></tr>
<tr><td></td><td></td><td></td><td></td><td></td><td></td></tr>
<tr><td>合计</td><td>—</td><td>—</td><td>¥300.00</td><td>—</td><td>¥51.00</td></tr>
<tr><td>说明</td><td colspan="6">一、购买方☐
对应蓝字专用发票抵扣增值税销项税额情况：
1．已抵扣☐
2．未抵扣☐
对应蓝字专用发票的代码：________ 号码：________
二、销售方☑
对应蓝字专用发票的代码：4601041141 号码：031137302</td></tr>
<tr><td>红字专用发票信息表编号</td><td colspan="6">0 3 1 1 3 7 3 0 5</td></tr>
</table>

图 3-16 开具红字增值税专用发票信息表

4601041141

广东增值税专用发票

№ 031137305

此联不作报销、扣税凭证使用

开票日期：　　年　　月　　日

<table>
<tr><td>购货单位</td><td colspan="4">名　　称：
纳税人识别号：
地 址 、电 话：
开户行及账号：</td><td>密码区</td><td colspan="3">（略）</td><td rowspan="5">第一联 记账联 销货方记账凭证</td></tr>
<tr><td>货物或应税劳务、服务名称</td><td>规格型号</td><td>单位</td><td>数量</td><td>单价</td><td>金额</td><td>税率</td><td>税额</td></tr>
<tr><td>合计</td><td></td><td></td><td></td><td></td><td></td><td></td><td></td></tr>
<tr><td>价税合计（大写）</td><td colspan="7">⊗　　　　（小写）</td></tr>
<tr><td>销货单位</td><td colspan="4">名　　称：
纳税人识别号：
地 址 、电 话：
开户行及账号：</td><td>备注</td><td colspan="3"></td></tr>
</table>

收款人：谢丽晴　　复核：杨欣梅　　开票人：王耀林　　销货单位：（章）

图 3-17 广东增值税专用发票（记账联）

中国工商银行支票存根（粤）

GS 01034301

附加信息

出票日期　　年　月　日

收款人：

金　额：

用　途：

单位主管　　会计

付款期限自出票之日起十天

中国工商银行支票（粤）　GS 01034301

出票日期（大写）　年　月　日　付款行名称：

收款人：　出票人账号：

人民币（大写）	千	百	十	万	千	百	十	元	角	分

用途

上列款项请从

我账户内支付

出票人签章

广东米奇服饰有限公司财务专用章

韩敬冬

密码

行号

复核　记账

图 3-18　中国工商银行支票（粤）

8）2017 年 7 月 12 日，支付机动车交通事故责任强制保险费，如图 3-19 和图 3-20 所示。

广东增值税专用发票

全国统一发票监制章　广东　国家税务总局监制

发票联

4416241741　　№ 022370126

开票日期：2017 年 7 月 12 日

购货单位	名称：广东米奇服饰有限公司 纳税人识别号：440162256268024 地址、电话：中山市沙溪建设路 289 号 76327586 开户行及账号：中国工商银行沙溪支行 61682674052				密码区	（略）	
货物或应税劳务、服务名称	规格型号	单位	数量	单价	金额	税率	税额
机动车交通事故责任强制保险				9 00.00	9 000.00	6%	540.00
合计					¥9 000.00		¥540.00
价税合计（大写）	⊗玖仟伍佰肆拾元整				（小写）¥9 540.00		
销货单位	名称：中国平安保险公司中山分公司 纳税人识别号：440606874668982 地址、电话：中山市博爱路 66 号 88682585 开户行及账号：中国建设银行博爱支行 61629413059				备注	中国平安保险公司中山分公司 440606874668982 发票专用章	

第三联　发票联　购货方记账凭证

收款人：李方娜　　复核：李晓华　　开票人：陈晓奇　　销货单位：（章）

图 3-19　广东增值税专用发票（发票联）

中国工商银行支票存根（粤） GS 01034302	中国工商银行支票（粤）　GS 01034302
附加信息	出票日期（大写）　年　月　日　付款行名称：
	收款人：　出票人账号：
	人民币（大写）　千 百 十 万 千 百 十 元 角 分
出票日期　年　月　日	付款期限自出票之日起十天
收款人：	用途　密码
金　额：	上列款项请从我账户内支付　行号
用　途：	出票人签章　广东米奇服饰有限公司财务专用章　韩敬冬
单位主管　会计	复核　记账

图 3-20　中国工商银行支票（粤）

9）2017 年 7 月 13 日，支付电动缝纫机修理费用，如图 3-21 和图 3-22 所示。

广东增值税专用发票

（全国统一发票监制章　广东　国家税务总局监制）发票联

4401879344　　№ 236828014

开票日期：2017 年 7 月 13 日

购货单位	名　　称：广东米奇服饰有限公司 纳税人识别号：440162256268024 地 址 、电 话：中山市沙溪建设路 289 号 76327586 开户行及账号：中国工商银行沙溪支行 61682674052			密码区	（略）		
货物或应税劳务、服务名称	规格型号	单位	数量	单价	金额	税率	税额
修理费				1 600.00	1 600.00	17%	272.00
合计					¥1 600.00		¥272.00
价税合计（大写）	⊗壹仟捌佰柒拾贰元整				（小写）¥1 872.00		
销货单位	名　　称：中山市意丰修配有限公司 纳税人识别号：440166751357026 地 址 、电 话：中山市沙溪建设路 19 号 76427446 开户行及账号：中国工商银行沙溪支行 61632161464			备注	中山市意丰修配有限公司 440166751357026 发票专用章		

第三联　发票联　购货方记账凭证

收款人：李意林　　复核：黄智亲　　开票人：蔡丽蓉　　销货单位：（章）

图 3-21　广东增值税专用发票（发票联）

中国工商银行支票存根（粤）

GS 01034303

附加信息

出票日期　　年　月　日

收款人：

金　额：

用　途：

单位主管　　　会计

付款期限自出票之日起十天

中国工商银行支票（粤）　　GS 01034303

出票日期（大写）　　年　　月　　日　　付款行名称：

收款人：　　出票人账号：

人民币（大写）	千	百	十	万	千	百	十	元	角	分

用途　　　　密码

上列款项请从我账户内支付　　行号

出票人签章　广东米奇服饰有限公司财务专用章　韩敬冬

复核　　记账

图 3-22　中国工商银行支票（粤）

10）2017 年 7 月 14 日，收到千姿服饰有限公司前欠货款，如图 3-23 所示。

电 汇 凭 证（收账通知）　4　No 006843901

第 0301 号　　委托日期　2017 年 7 月 14 日

汇款人	全　称	广东千姿服饰有限公司			收款人	全　称	广东米奇服饰有限公司								
	账　号 或住址	42934783058				账　号 或住址	61682674052								
	汇　出 地　点	广东省 珠海市	汇出行 名　称	中国工商银行 石花支行		汇　入 地　点	广东省 中山市	汇入行 名　称	中国工商银行 沙溪支行						
金额	人民币 （大写）	叁万捌仟元整				千	百	十	万	千	百	十	元	角	分
								¥	3	8	0	0	0	0	0
汇款用途：支付货款															
上列款项已根据委托办理，如需查询，请持此回单来行面谈。						中国工商银行股份有限公司中山沙溪支行 2017.7.14 办讫章（2）（汇出行盖章）									

此联汇出行凭以汇出汇款

图 3-23　电汇凭证（收账通知）

11）2017 年 7 月 14 日，支付前欠广东祥丰布业有限公司材料款，如图 3-24 所示。

托收凭证（付款通知）　5

付款期限 2017 年 7 月 14 日

委托日期：2017 年 7 月 11 日

业务类型	委托收款（☐邮划、☐电划）　托收承付（☐邮划、☑电划）						
付款人	全 称	广东米奇服饰有限公司		收款人	全 称	广东祥丰布业有限公司	
	账 号	61682674052			账 号	41682543357	
	地 址	广东省中山 市/县	开户行：中国工商银行沙溪支行		地 址	广东省江门 市/县	开户行：中国工商银行环市支行
金额	人民币（大写）	贰万陆仟陆佰元整				亿 千 百 十 万 千 百 十 元 角 分	¥ 2 6 6 0 0 0 0
款项内容	材料款	托收凭据名称	发票	附寄单证张数	1		
商品发运情况	已发运			合同名称号码	0061		
备注：付款人开户银行收到凭证日期 2017 年 7 月 14 日　复核　记账		款项支付日期：2017 年 7 月 14 日		中国工商银行股份有限公司 中山沙溪支行 2017.7.14 办讫章 (4)　收款人开户银行签章			

此联作付款人开户银行给付款人按期付款通知

图 3-24　托收凭证（付款通知）

12）2017 年 7 月 15 日，向中山市红十字会捐款 5 000 元，如图 3-25 和图 3-26 所示。

广东省接受社会捐赠专用收据

（广东省财政厅票据）

2017 年 7 月 15 日

捐赠者	广东米奇服饰有限公司			货币种类	人民币
捐赠项目	货币捐款				
项目（现款或实物）	单位	规格	数量	单价	金额/元
现款					5 000.00
合计（大写）	⊗佰⊗拾⊗万伍仟零佰零拾零元零角零分（¥5 000.00）				

第二联　收据

（广东省中山市红十字会 440162256268988）

收款人：陈燕纯　　开票人：张海丽　　收费单位（盖章）：

图 3-25　广东省接受社会捐赠专用收据

中国工商银行支票存根（粤）	中国工商银行支票（粤）　　GS 01034304
GS 01034304	出票日期（大写）　　年　　月　　日　　付款行名称：
附加信息	收款人：　　出票人账号：
出票日期　　年　月　日	人民币（大写）　　千 百 十 万 千 百 十 元 角 分
收款人：	付款期限自出票之日起十天
金　额：	用途　　密码
用　途：	上列款项请从我账户内支付　　行号
单位主管　　会计	出票人签章　广东米奇服饰有限公司财务专用章　韩敬冬　　复核　　记账

图 3-26　中国工商银行支票（粤）

13）2017 年 7 月 17 日，接银行付款通知，支付本月电话费，如图 3-27 和图 3-28 所示。

广东增值税专用发票

4165641528　　　　发　票　联　　　　№ 003313626

开票日期：2017 年 07 月 17 日

购货单位	名　　称：广东米奇服饰有限公司 纳税人识别号：440162256268024 地址、电话：中山市沙溪建设路 289 号 76327586 开户行及账号：中国工商银行沙溪支行 61682674052				密码区	（略）		
货物或应税劳务、服务名称	规格型号	单位	数量	单价		金额	税率	税额
电话费						3 800.00	11%	418.00
合计						¥3 800.00		¥418.00
价税合计（大写）	⊗肆仟贰佰壹拾捌元整					（小写）¥4 218.00		
销货单位	名　　称：中国电信股份有限公司中山分公司 纳税人识别号：440168836268992 地址、电话：中山市博爱路 188 号 86669888 开户行及账号：中国建设银行博爱支行 61695286856				备注	中国电信股份有限公司中山分公司 440168836268992 发票专用章		

第三联　发票联　购货方记账凭证

收款人：陈彬　　　复核：陈耀林　　　开票人：陈彬　　　销货单位：（章）

图 3-27　广东增值税专用发票

中国建设银行对公客户付款通知单

币别：人民币　　2017年7月17日　　交易种类：支付电话费

付款人	全　称	广东米奇服饰有限公司	收款人	全　称	中国电信股份有限公司中山分公司
	账　号	61682674052		账　号	61695286856
	开户行	中国工商银行沙溪支行		开户行	中国建设银行博爱支行
大写金额	人民币肆仟贰佰壹拾捌元整				¥4 218.00
上述款项已从你单位存款账户 61682674052 支付。			中国工商银行股份有限公司 中山沙溪支行 2017.7.17 办讫章 (2)		（银行盖章）

会计主管：　　复核：　　记账：

图 3-28　中国建设银行对公客户付款通知单

14）2017年7月16日，收到广东万邦服饰有限公司支付的7月10日的货款，如图3-29～图3-31所示。

中国建设银行支票（粤）　　GS 03624331

付款期限自出票之日起十天

出票日期（大写）贰零壹柒 年 零柒 月 壹拾陆日　　付款行名称：中国建设银行临江支行

收款人：广东米奇服饰有限公司　　出票人账号：13657443035

人民币（大写）	千	百	十	万	千	百	十	元	角	分
捌万伍仟玖佰玖拾伍元整			¥	8	5	9	9	5	0	0

用途 支付货款　　密码

上列款项请从　　行号

我账户内支付

出票人签章　广东万邦服饰有限公司财务专用章　黄德瑞　　复核　　记账

（a）正面

附加信息：	被背书人	被背书人
	背书人签章 年　月　日	背书人签章 年　月　日

（b）背面

图 3-29　中国建设银行支票（粤）

中国工商银行进账单 （回单） 1

年 月 日

出票人	全 称		收款人	全 称	
	账 号			账 号	
	开户银行			开户银行	
金额	人民币（大写）			亿 千 百 十 万 千 百 十 元 角 分	
票据种类		票据张数			
票据号码					
复核 记账				开户银行盖章	

此联是开户银行交给持（出）票人的回单

图 3-30 中国工商银行进账单（回单）

现金折扣审批单

2017 年 7 月 16 日 单位：元

购买单位	广东万邦服饰有限公司		现金折扣条件	(2/10，1/20，n/30)	
商品名称	销售时间	收款时间	售价金额	折扣率	现金折扣
衬衫	2017.7.10	2017.7.16	42 120.00	2%	842.40
风衣	2017.7.10	2017.7.16	45 630.00	2%	912.60
合计	—	—	¥87 750.00	2%	¥1 755.00

会计主管：郭楚怡 销售主管：王裕峰 制表：梁芳

图 3-31 现金折扣审批单

15）2017 年 7 月 18 日，开出支票支付产品广告费，如图 3-32 和图 3-33 所示。

广东增值税专用发票

4401675326 发票联 № 440138326

开票日期：2017 年 7 月 18 日

购货单位	名 称：广东米奇服饰有限公司 纳税人识别号：440162256268024 地 址 、电 话：中山市沙溪建设路 289 号 76327586 开户行及账号：中国工商银行沙溪支行 61682674052				密码区	（略）	
货物或应税劳务、服务名称	规格型号	单位	数量	单价	金额	税率	税额
广告费					20 000.00	6%	1 200.00
合计					¥20 000.00		¥1 200.00
价税合计（大写）	⊗贰万壹仟贰佰元整				（小写）¥21 200.00		
销货单位	名 称：广州视讯广告有限公司 纳税人识别号：440106258262043 地 址 、电 话：广州市中山大道 236 号 88956678 开户行及账号：中国工商银行中山支行 11600856492				备注	广州视讯广告有限公司 440106258262043 发票专用章	

第三联 发票联 购货方记账凭证

收款人：陈丰华 复核：黎志林 开票人：李敏虹 销货单位：（章）

图 3-32 广东增值税专用发票（发票联）

中国工商银行支票存根（粤）		中国工商银行支票（粤）　　GS 01034305
GS 01034305 附加信息 出票日期　　年　月　日 收款人： 金　额： 用　途： 单位主管　　　会计	付款期限自出票之日起十天	出票日期（大写）　　年　　月　　日　　付款行名称： 收款人：　　出票人账号： 人民币（大写）　　千 百 十 万 千 百 十 元 角 分 用途　　密码 上列款项请从我账户内支付　　行号 出票人签章　广东米奇服饰有限公司财务专用章　韩敬冬 复核　　记账

图 3-33　中国工商银行支票（粤）

16）2017 年 7 月 20 日，向广东祥美服饰有限公司销售不需用的棉布 400 米、单价为 12.5 元，款项已收存银行，如图 3-34～图 3-38 所示。

广东增值税专用发票

4601041141　　　　此联不作报销、扣税凭证使用　　　　№ 031137306

（印章：全国统一发票监制章 广东 国家税务总局监制）

开票日期：　　年　　月　　日

购货单位	名　称： 纳税人识别号： 地 址 、电 话： 开户行及账号：					密码区	（略）		
货物或应税劳务、服务名称		规格型号	单位	数量	单价	金额		税率	税额
合计									
价税合计（大写）		⊗				（小写）			
销货单位	名　称： 纳税人识别号： 地 址 、电 话： 开户行及账号：					备注			

第一联　记账联　销货方记账凭证

收款人：谢丽晴　　　复核：杨欣梅　　　开票人：王耀林　　　销货单位：（章）

图 3-34　广东增值税专用发票（记账联）

付款期限自出票之日起十天

中国银行支票（粤） GS 03864331

出票日期（大写）贰零壹柒 年 零柒 月 贰拾日　　付款行名称：中国银行沙溪支行

收款人：广东米奇服饰有限公司　　出票人账号：61722683058

人民币（大写）	千	百	十	万	千	百	十	元	角	分
伍仟捌佰伍拾元整				¥	5	8	5	0	0	0

用途 支付货款　　密码

上列款项请从　　行号

我账户内支付

出票人签章　　广东祥美服饰有限公司财务专用章　黄德瑞　　复核　　记账

（a）正面

附加信息：	被背书人	被背书人
	背书人签章 年 月 日	背书人签章 年 月 日

（b）背面

图 3-35　中国银行支票（粤）

中国工商银行进账单　（回单）　　1

年　月　日

出票人	全　称		收款人	全　称	
	账　号			账　号	
	开户银行			开户银行	

金额	人民币（大写）	亿	千	百	十	万	千	百	十	元	角	分

票据种类		票据张数		
票据号码				
复核		记账		开户银行盖章

此联是开户银行交给持（出）票人的回单

图 3-36　中国工商银行进账单（回单）

领　料　单

用途：销售　　2017 年 7 月 20 日　　第 03405 号

材料名称	规格型号	单位	请领数量	实发数量	金额/元
棉布		米	400	400	

仓库主管：陈德明　　复核：杨欣梅　　发货：朱永材　　制单：梁芳

图 3-37　领料单

4601041141

广东增值税专用发票

№ 031137307

此联不作报销、扣税凭证使用

开票日期：　　年　　月　　日

购货单位	名　　称： 纳税人识别号： 地址、电话： 开户行及账号：			密码区	（略）		
货物或应税劳务、服务名称	规格型号	单位	数量	单价	金额	税率	税额
合计							
价税合计（大写）	⊗				（小写）		
销货单位	名　　称： 纳税人识别号： 地址、电话： 开户行及账号：			备注			

第一联　记账联　销货方记账凭证

收款人：谢丽晴　　复核：杨欣梅　　开票人：王耀林　　销货单位：（章）

图 3-38　广东增值税专用发票（记账联）

17）2017 年 7 月 21 日，根据合同向广东千秋服饰有限公司销售西服 200 件、单价为 375 元，衬衫 500 件、单价为 90 元，收到广东千秋服饰有限公司开出的银行承兑汇票，如图 3-39 和图 3-40 所示。

银行承兑汇票　　2

出票日期（大写）：贰零壹柒年零柒月贰拾壹日　　汇票号码：0143896

出票人全称	广东千秋服饰有限公司	收款人	全　称	广东米奇服饰有限公司
出票人账号	11634153054		账　号	61682674052
付款行全称	中国工商银行花城支行		开户银行	中国工商银行沙溪支行　行号 21683
出票金额	人民币（大写）壹拾肆万零肆佰元整		亿 千 百 十 万 千 百 十 元 角 元	¥ 1 4 0 4 0 0 0 0
汇票到期日（大写）	贰零壹柒年零玖月贰拾壹日	付款行	行号	02496
承兑协议编号	0020176432		地址	广州市花城大道 72 号
本汇票请你行承兑，此项汇票款我单位承兑协议于到期日前足额交存银行，到期请予以支付。 广东千秋服饰有限公司财务专用章　范锐德 出票人签章		本汇票已承兑，到期由本行承付。 承兑行签章： 承兑日期：2017.7.21 备注：		中国工商银行银行承兑汇票专用章 440105564569456 复核　记账

此联收款人开户行随托收凭证寄付款行作借方凭证附件

图 3-39　银行承兑汇票

产品出库单

2017 年 7 月 21 日　　　　　　　　第 3406 号

产品名称	规格	型号	单位	数量	单位成本	金额/元
西服			件	200		
衬衫			件	500		

仓库主管：陈德明　　复核：杨欣梅　　发货：朱永材　　制单：梁芳

图 3-40　产品出库单

18）2017 年 7 月 25 日，销售科报销日常开支 3 600 元，并以现金补足定额备用金，如图 3-41 所示。

费用报销单

2017 年 7 月 25 日　　　　　　　　附原始单据 10 张

报销部门	销售科	报销人	梁伟峰
费用项目	单据张数	金额/元	备注
日常开支	10	3 600.00	
			现金付讫
合计	10	¥3 600.00	
金额（大写）	人民币叁仟陆佰元整		
单位领导审批：同意 韩敬冬		部门主管审批：同意 王裕峰	

会计主管：郭楚怡　　复核：杨欣梅　　出纳：谢丽晴　　领款人：梁伟峰

图 3-41　费用报销单

19）2017 年 7 月 28 日，根据合同向广东千姿服饰有限公司销售针织衫 500 件、单价为 155 元，风衣 300 件、单价为 216 元，款项已收存银行，如图 3-42～图 3-45 所示。

4601041141

广东增值税专用发票

№ 031137308

此联不作报销、扣税凭证使用

开票日期：　　年　　月　　日

购货单位	名　　称： 纳税人识别号： 地 址 、电话： 开户行及账号：			密码区	（略）		
货物或应税劳务、服务名称	规格型号	单位	数量	单价	金额	税率	税额
合计							
价税合计（大写）	⊗				（小写）		
销货单位	名　　称： 纳税人识别号： 地 址 、电话： 开户行及账号：			备注			

第一联　记账联　销货方记账凭证

收款人：谢丽晴　　复核：杨欣梅　　开票人：王耀林　　销货单位：（章）

图 3-42　广东增值税专用发票（记账联）

中国工商银行支票（粤）　　　　GS 03344031

付款期限自出票之日起十天

出票日期（大写）贰零壹柒 年 零柒 月贰拾捌 日　　付款行名称：中国工商银行石花支行

收款人：广东米奇服饰有限公司　　出票人账号：42934783058

人民币（大写）	壹拾陆万陆仟肆佰玖拾壹元整	千	百	十	万	千	百	十	元	角	分
			¥	1	6	6	4	9	1	0	0

用途 支付货款　　密码

上列款项请从　　行号

我账户内支付

出票人签章　　复核　　记账

广东千姿服饰有限公司财务专用章　　王德胜

（a）正面

附加信息：	被背书人	被背书人
	背书人签章 年 月 日	背书人签章 年 月 日

（b）背面

图 3-43　中国工商银行支票（粤）

中国工商银行进账单　（回单）　　1

年　月　日

出票人	全　称		收款人	全　称	
	账　号			账　号	
	开户银行			开户银行	

金额	人民币（大写）	亿	千	百	十	万	千	百	十	元	角	分

票据种类		票据张数		
票据号码				
复核　　记账				开户银行盖章

此联是开户银行交给持（出）票人的回单

图 3-44　中国工商银行进账单（回单）

产品出库单

2017 年 7 月 28 日　　　　第 3407 号

产品名称	规格	型号	单位	数量	单位成本	金额/元
针织衫			件	500		
风衣			件	300		

仓库主管：陈德明　　复核：杨欣梅　　发货：朱永材　　制单：梁芳

图 3-45　产品出库单

20）2017 年 7 月 31 日，接银行收款通知，收到银行存款利息，如图 3-46 所示。

中国工商银行对公客户收款通知单

2017 年 7 月 31 日　　　　交易种类：收到存款利息

<table>
<tr><td rowspan="3">付款人</td><td>全　称</td><td></td><td rowspan="3">收款人</td><td>全　称</td><td colspan="11">广东米奇服饰有限公司</td></tr>
<tr><td>账　号</td><td></td><td>账　号</td><td colspan="11">61682674052</td></tr>
<tr><td>开户行</td><td></td><td>开户行</td><td colspan="11">中国工商银行中山市沙溪支行</td></tr>
<tr><td rowspan="2">大写金额</td><td colspan="4" rowspan="2">（币种）人民币壹仟贰佰陆拾元整</td><td>亿</td><td>千</td><td>百</td><td>十</td><td>万</td><td>千</td><td>百</td><td>十</td><td>元</td><td>角</td><td>分</td></tr>
<tr><td></td><td></td><td></td><td></td><td>¥</td><td>1</td><td>2</td><td>6</td><td>0</td><td>0</td><td>0</td></tr>
<tr><td colspan="3">上述贷款金额已转存入你单位 61682674052 存款户。</td><td colspan="13">备注：中国工商银行股份有限公司 中山沙溪支行 2017.7.31 办讫章 (4)</td></tr>
</table>

此联为收款人收账通知

会计主管：　　复核：　　记账：

图 3-46　中国工商银行对公客户收款通知单

21）2017 年 7 月 31 日，本月增值税进项税额合计为 74 382 元，计算本月应交城市维护建设税（7%）和教育费附加（3%），如图 3-47 所示。

税费计算表

2017 年 7 月 31 日　　　　单位：元

税（费）种	计税（费）基数	税（费）率	税（费）额	备注
城市维护建设税				
教育费附加				
合计				

会计主管：郭楚怡　　会计：杨欣梅　　制单：梁芳

图 3-47　税费计算表

22）2017 年 7 月 31 日，发现 6 月 14 日填制的记账凭证有错，如图 3-48～图 3-50 所示。

记账凭证

2017 年 6 月 14 日　　　　记字第 26 号

摘要	总账科目	明细科目	借方金额										贷方金额										账页或√
			千	百	十	万	千	百	十	元	角	分	千	百	十	万	千	百	十	元	角	分	
赎买销售科办公用硒鼓	销售费用					1	8	0	0	0	0	0											√
	银行存款															1	8	0	0	0	0	0	√
合计					¥	1	8	0	0	0	0	0			¥	1	8	0	0	0	0	0	

会计主管：郭楚怡　　记账：谢丽晴　　审核：杨欣梅　　制单：谢丽晴

图 3-48　记账凭证

广东增值税普通发票

4416641746　　　　№ 121238631

开票日期：2017 年 6 月 14 日

购货单位	名　　称：广东米奇服饰有限公司 纳税人识别号：440162256268024 地 址 、 电 话：中山市沙溪建设路 289 号 76327586 开户行及账号：中国工商银行沙溪支行 61682674052					密码区	（略）
货物或应税劳务、服务名称	规格型号	单位	数量	单价	金额	税率	税额
硒鼓		个	20	87.378 5	1 747.57	3%	52.43
合计					¥1 747.57		¥52.43
价税合计（大写）	⊗壹仟捌佰元整				（小写）¥1 800.00		
销货单位	名　　称：中山新月文化用品公司 纳税人识别号：440163443246024 地 址 、 电 话：中山市沙溪建设路 196 号 76669852 开户行及账号：中国工商银行沙溪支行 61687313156					备注	中山新月文化用品公司 440163443246024 发票专用章

第二联　发票联　购货方记账凭证

收款人：黄丽虹　　复核：谢晴　　开票人：肖联新　　销货单位：（章）

图 3-49　广东增值税普通发票（发票联）

中国工商银行支票存根（粤）

GS 01034206

附加信息

出票日期 2017 年 6 月 14 日

收款人：中山新月文化用品公司	
金 额：¥1 800.00	
用 途：购买销售科办公用硒鼓	

单位主管 韩敬冬 会计 杨欣梅

图 3-50 中国工商银行支票存根（粤）

23）2017 年 7 月 31 日，结转本月材料销售成本，棉布单位成本为 11.50 元，如图 3-51 所示。

材料销售成本汇总表

2017 年 7 月 单位：元

材料名称	计量单位	销售量	单位成本	总成本
合计				

会计主管：郭楚怡 会计：杨欣梅 制单：梁芳

图 3-51 材料销售成本汇总表

24）2017 年 7 月 31 日，结转本月产品销售成本，其中衬衫单位成本为 55 元，西服单位成本为 208 元，风衣单位成本为 126 元，针织衫单位成本为 96 元，如图 3-52 所示。

产品销售成本汇总表

2017 年 7 月 单位：元

产品名称	计量单位	销售量	单位成本	总成本
合计				

会计主管：郭楚怡 会计：杨欣梅 制单：梁芳

图 3-52 产品销售成本汇总表

25）2017 年 7 月 31 日，结转本月损益类账户，如图 3-53～图 3-55 所示。

损益类账户发生额表（结转到本年利润前）

2017 年 7 月　　单位：元

收入类账户	借方发生额	贷方发生额	费用类账户	借方发生额	贷方发生额
合计			合计		

会计主管：郭楚怡　　会计：杨欣梅　　制单：梁芳

图 3-53　损益类账户发生额表（结转到本年利润前）

内部转账单

2017 年 7 月 31 日　　转字第 301 号

摘要	结转科目			转入科目		
	总账科目	明细科目	金额/元	总账科目	明细科目	金额/元
结转收入类账户						
合计						

会计主管：郭楚怡　　会计：杨欣梅　　制单：梁芳

图 3-54　内部转账单

内部转账单

2017 年 7 月 31 日　　转字第 302 号

摘要	结转科目			转入科目		
	总账科目	明细科目	金额/元	总账科目	明细科目	金额/元
结转费用类账户						
合计						

会计主管：郭楚怡　　会计：杨欣梅　　制单：梁芳

图 3-55　内部转账单

26）2017 年 7 月 31 日，计算并结转本月应交企业所得税，企业所得税税率为 25%，如图 3-56 和图 3-57 所示。

税费计算表

2017 年 7 月 31 日 单位：元

税（费）种	计税（费）基数	税（费）率	税（费）额	备注
企业所得税				
合计				

会计主管：郭楚怡 会计：杨欣梅 制单：梁芳

图 3-56 税费计算表

内部转账单

2017 年 7 月 31 日 转字第 303 号

摘要	结转科目			转入科目		
	总账科目	明细科目	金额/元	总账科目	明细科目	金额/元
结转所得税费用						
合计						

会计主管：郭楚怡 会计：杨欣梅 制单：梁芳

图 3-57 内部转账单

27）2017 年 7 月 31 日，结转“本年利润”账户余额到“利润分配——未分配利润”账户，如图 3-58 所示。

内部转账单

2017 年 7 月 31 日 转字第 304 号

摘要	结转科目			转入科目		
	总账科目	明细科目	金额/元	总账科目	明细科目	金额/元
结转“本年利润”账户余额						
合计						

会计主管：郭楚怡 会计：杨欣梅 制单：梁芳

图 3-58 内部转账单

28）2017 年 7 月 31 日，计提法定盈余公积金，计提比例为 10%，如图 3-59 和图 3-60 所示。

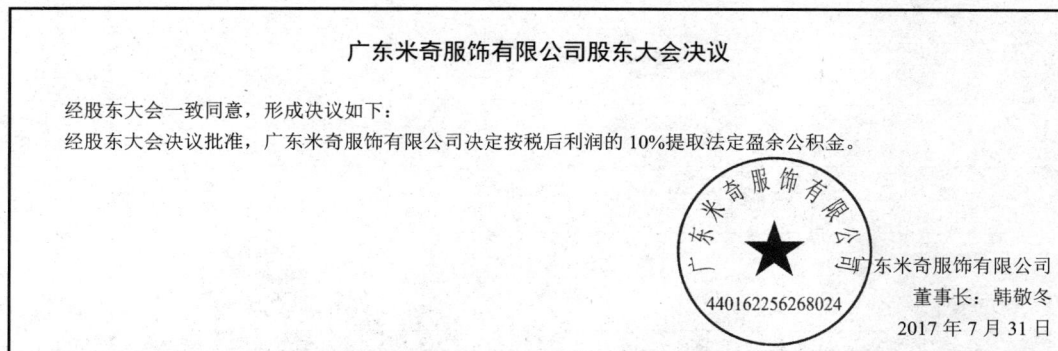

广东米奇服饰有限公司股东大会决议

经股东大会一致同意，形成决议如下：

经股东大会决议批准，广东米奇服饰有限公司决定按税后利润的 10%提取法定盈余公积金。

广东米奇服饰有限公司
440162256268024

广东米奇服饰有限公司

董事长：韩敬冬

2017 年 7 月 31 日

图 3-59　计提盈余公积金决议

法定盈余公积金计提表

2017 年 7 月 31 日　　　　单位：元

项目	计提基数	计提比例	计提金额	备注
法定盈余公积				
合计				

会计主管：郭楚怡　　　　会计：杨欣梅　　　　制单：梁芳

图 3-60　法定盈余公积金计提表

实训四　综 合 业 务

核 算 规 则

1. 采用《小企业会计准则》进行核算。
2. 采用通用记账凭证填制凭证。
3. 采用记账凭证核算形式登记总账。
4. 存货采用实际成本法核算。
5. 采用月末一次加权平均法计算发出材料成本。
6. 固定资产采用年限平均法计提折旧。
7. 产品成本按品种法计算。
8. 在产品完工程度按平均50%计算。
9. 材料在开始生产时一次投入，其他成本按约当产量比例分配。
10. 该企业为一般纳税人，增值税税率为17%。
11. 计算数据保留到2位小数。

实 训 要 求

1. 填制原始凭证。
2. 编制各经济业务的会计分录。
3. 编制通用记账凭证并装订成册。
4. 依据记账凭证登记明细分类账。
5. 登记现金和银行存款日记账。
6. 按旬定期编制科目汇总表。
7. 依据汇总记账凭证核算形式登记各账户总分类账。
8. 编制资产负债表与利润表。

一、相关知识

财务报表，是指企业对外提供的反映企业某一特定时期的财务状况和某一会计期间的经营成果、现金流量的报表文件。财务报表按照其反映的经济内容，可分为资产负债表、利润表和现金流量表。

1. 资产负债表

资产负债表，是反映企业某一特定日期财务状况的财务报表，是企业主要财务报表之一，属于静态报表。财务报表列报准则规定，我国企业的资产负债表应采用账户式结构。账户式资产负债表分左右两方，左方为资产项目，按资产的流动性大小排列；右方为负债及所有者权益项目，其中负债项目按偿还的先后顺序排列，所有者权益项目按其永续性递减顺序排列。账户式资产负债表中的资产各项目的合计数等于负债及所有者权益各项目的合计数。

2. 利润表

利润表，是反映企业在一定会计期间经营成果的财务报表，属于动态报表，主要依据会计的收入实现原则和配比原则编制。财务报表列报准则规定，我国企业的利润表应采用多步式结构。多步式利润表将不同性质的收入和费用类别进行对比，按利润形成的主要环节列示一些中间性利润指标，如营业利润、利润总额和净利润，分步计算当期的净利润。

3. 现金流量表

现金流量表，是反映企业在一定会计期间现金及现金等价物流入和流出的账务报表。现金是指企业库存现金及可以随时用于支付的存款，包括库存现金、银行存款和其他货币资金等，不能随时用于支付的存款不属于现金。现金等价物是指企业持有的期限短、流动性强、易于转换为已知金额现金、价值变动风险很小的投资。现金等价物通常包括三个月内到期的债券投资等。我国企业现金流量表采用报告式结构，分类反映经营活动产生的现金流量、投资活动产生的现金流量和筹资活动产生的现金流量，最后汇总反映企业某一期间现金及现金等价物的净增加额。

二、核算资料

1. 企业资料

核算企业资料如表 1-1 所示。

企业供应商资料如表 4-1 所示。

表 4-1　企业供应商资料

名称	开户账号	地址、电话	开户银行	行号	纳税人识别号
广东伟奇布业有限公司	11606313052	广州市工业大道 62 号 56672584	中国农业银行工业支行	02736	440101568268026
广东祥丰布业有限公司	41682543357	江门市江会路 172 号 82682584	中国工商银行环市支行	22472	440606498268020
广东通达快递有限公司	61658643031	中山市沙溪工业大道 19 号 53697282	中国工商银行沙溪支行	21683	440166208268039
广东曼琪纺织有限公司	21629413054	佛山市顺德区南国中路 64 号 83682585	中国建设银行南国支行	16063	440305307268034
广东嘉意纺织机械有限公司	12934783058	广州市东晓南路 18 号 88396432	中国工商银行东晓支行	02059	440106835227028
广东耐永包装材料有限公司	61653474057	中山市沙溪工业大道 32 号 76315833	中国银行沙溪支行	25056	440166837468021

续表

名称	开户账号	地址、电话	开户银行	行号	纳税人识别号
中山新文电器有限公司	61682674892	中山市沙溪建设路 135 号 76383127	中国工商银行沙溪支行	21683	440162307267034
中山福乐酒店有限公司	61722933067	中山市博爱路 188 号 88815566	中国工商银行博爱支行	21024	440161705268028

企业客户资料如表 4-2 所示。

表 4-2　企业客户资料

名称	开户账号	地址、电话	开户银行	行号	纳税人识别号
广东千秋服饰有限公司	11634153054	广州市花城大道 72 号 56637584	中国工商银行花城支行	02496	440105564568023
广东秋实服饰有限公司	31676243355	佛山市福贤路 136 号 68682747	中国银行福贤支行	12532	440303443268027
广东万邦服饰有限公司	13657443035	广州市临江大道 9 号 87697282	中国建设银行临江支行	15032	440106208235036
广东千姿服饰有限公司	42934783058	珠海市石花西路 12 号 88396432	中国工商银行石花支行	32059	440506835254026
广东祥美服饰有限公司	61722683058	中山市沙溪工业大道 126 号 76315542	中国银行沙溪支行	25056	440166835268026

2. 期初余额

1）广东米奇服饰有限公司 2017 年 8 月 31 日总分类账户期末余额与有关明细分类账户期末余额如表 4-3 所示。

表 4-3　总分类账户与有关明细分类账户期末余额表

2017 年 8 月 31 日　　单位：元

科目编号	总账账户	明细账户	借方余额	贷方余额
1001	库存现金		16 800.00	
1002	银行存款		991 662.00	
		——中国工商银行存款	991 662.00	
1012	其他货币资金		487 222.00	
		——存出投资款	482 222.00	
		——银行本票存款	0	
		——银行汇票存款	0	
		——备用金	5 000.00	
1101	短期投资		122 678.00	
		——骅威文化	122 678.00	
1121	应收票据		132 000.00	
		——广东千秋服饰有限公司（商业承兑汇票）	30 000.00	

续表

科目编号	总账账户	明细账户	借方余额	贷方余额
1121	应收票据		132 000.00	
		——广东秋实服饰有限公司（银行承兑汇票）	42 000.00	
		——广东万邦服饰有限公司（银行承兑汇票）	20 000.00	
		——广东祥美服饰有限公司（银行承兑汇票）	40 000.00	
1122	应收账款		500 000.00	
		——广东千秋服饰有限公司	160 000.00	
		——广东秋实服饰有限公司	70 000.00	
		——广东万邦服饰有限公司	60 000.00	
		——广东千姿服饰有限公司	80 000.00	
		——广东祥美服饰有限公司	130 000.00	
1123	预付账款		100 000.00	
		——广东伟奇布业有限公司	100 000.00	
1131	应收股利		0	
1132	应收利息		0	
1221	其他应收款		10 000.00	
		——包装物押金	10 000.00	
1402	在途物资		20 792.00	
		——广东曼琪纺织有限公司	20 792.00	
1403	原材料		64 840.00	
		——毛料	15 360.00	
		——棉布	15 120.00	
		——锦纶	7 680.00	
		——腈纶	11 480.00	
		——亚麻	9 600.00	
		——涤纶	5 600.00	
1405	库存商品		120 000.00	
		——西服	40 000.00	
		——针织衫	30 000.00	
		——衬衫	17 500.00	
		——风衣	32 500.00	
1411	周转材料		18 900.00	
		——包装物	2 400.00	
		——低值易耗品	16 500.00	
1511	长期股权投资		500 000.00	
		——新发科技有限公司	500 000.00	
		——损益调整	0	
1601	固定资产		5762 000.00	
		——经营性固定资产	4 609 600.00	
		——非经营性固定资产	1 152 400.00	

续表

科目编号	总账账户	明细账户	借方余额	贷方余额
1602	累计折旧			347 500.00
1604	在建工程		466 000.00	
		——西服生产线	466 000.00	
1605	工程物资		60 000.00	
1606	固定资产清理		0	
1701	无形资产		210 000.00	
		——西服专利	90 000.00	
		——风衣专利	60 000.00	
		——针织衫专利	30 000.00	
		——衬衫专利	30 000.00	
1702	累计摊销			80 000.00
		——西服专利		30 000.00
		——风衣专利		25 000.00
		——针织衫专利		15 000.00
		——衬衫专利		10 000.00
1901	待处理财产损溢		0	
		——待处理流动资产损溢	0	
		——待处理非流动资产损溢	0	
2001	短期借款			1 061 600.00
		——中国工商银行借款		1 061 600.00
2201	应付票据			200 000.00
		——广东伟奇布业有限公司（商业承兑汇票）		60 000.00
		——广东祥丰布业有限公司（银行承兑汇票）		90 000.00
		——广东曼琪纺织有限公司（银行承兑汇票）		50 000.00
2202	应付账款			907 600.00
		——广东伟奇布业有限公司		117 600.00
		——广东祥丰布业有限公司		120 000.00
		——广东曼琪纺织有限公司		80 000.00
		——广东嘉意纺织机械有限公司		517 200.00
		——中山供水		3 800.00
		——中山供电		69 000.00
2203	预收账款			102 800.00
		——广东千姿服饰有限公司		50 000.00
		——广东祥美服饰有限公司		52 800.00
2211	应付职工薪酬			35 000.00
		——职工工资		0
		——职工福利		35 000.00

续表

科目编号	总账账户	明细账户	借方余额	贷方余额
		——社会保险费		0
		——住房公积金		0
		——职工教育经费		0
		——工会经费		0
		——其他		0
2221	应交税费			53 462.00
		——应交增值税		31 256.00
		——待抵扣进项税额		0
		——应交企业所得税		22 206.00
		——应交城市维护建设税		0
		——应交教育费附加		0
		——应交个人所得税		0
2231	应付利息			0
2232	应付利润			64 431.70
		——景阳服饰有限公司		38 659.02
		——裕林投资有限公司		12 886.34
		——新源投资有限公司		12 886.34
2241	其他应付款			25 000.00
		——社会保险费		0
		——住房公积金		0
		——包装物押金		15 000.00
		——其他		10 000.00
2501	长期借款			2 320 000.00
		——中国工商银行借款		2 320 000.00
3001	实收资本			1 840 000.00
		——景阳服饰有限公司		1 104 000.00
		——裕林投资有限公司		368 000.00
		——新源投资有限公司		368 000.00
3002	资本公积			1 400 000.00
3101	盈余公积			750 292.80
		——法定盈余公积		750 292.80
		——任意盈余公积		0
3103	本年利润			0
3104	利润分配			436 027.50
		——提取法定盈余公积		0
		——提取任意盈余公积		0
		——应付现金股利		0
		——未分配利润		436 027.50

续表

科目编号	总账账户	明细账户	借方余额	贷方余额
4001	生产成本		40 820.00	
		——西服	12 720.00	
		——针织衫	11 840.00	
		——衬衫	5 700.00	
		——风衣	10 560.00	
4101	制造费用		0	
		——机物料消耗	0	
		——车间管理人员工资	0	
		——车间管理人员福利	0	
		——社会保险费	0	
		——住房公积金	0	
		——职工教育经费	0	
		——工会经费	0	
		——折旧费	0	
		——办公费	0	
		——水费	0	
		——电费	0	
		——其他	0	
	总账账户期末余额合计		9 623 714.00	9 623 714.00

2）广东米奇服饰有限公司 2017 年 8 月 31 日期末在产品情况如表 4-4 所示。

表 4-4　期末在产品情况表

2017 年 8 月 31 日

在产品品名	单位	在产品数量	完工程度
西服	件	80	50%
针织衫	件	160	50%
衬衫	件	150	50%
风衣	件	120	50%
合计	—	—	—

3）广东米奇服饰有限公司 2017 年 8 月 31 日期末产成品情况如表 4-5 所示。

表 4-5　期末产成品情况表

2017 年 8 月 31 日　　单位：元

产成品品名	单位	产成品数量	单位成本	产成品金额
西服	件	200	200.00	40 000.00
针织衫	件	300	100.00	30 000.00
衬衫	件	350	50.00	17 500.00
风衣	件	250	130.00	32 500.00
合计	—	—	—	120 000.00

4）广东米奇服饰有限公司 2017 年 8 月 31 日原材料各明细账户期末余额如表 4-6 所示。

表 4-6　原材料各明细账户期末余额表

2017 年 8 月 31 日　　单位：元

明细账户	单位	数量	单价	金额
毛料	米	480	32.00	15 360.00
棉布	米	1 260	12.00	15 120.00
锦纶	米	960	8.00	7 680.00
腈纶	米	820	14.00	11 480.00
亚麻	米	600	16.00	9 600.00
涤纶	米	560	10.00	5 600.00
合计	—	—	—	64 840.00

5）广东米奇服饰有限公司 2017 年 8 月 31 日生产成本（基本生产成本）各明细账户期末余额如表 4-7 所示。

表 4-7　生产成本（基本生产成本）各明细账户期末余额表

2017 年 8 月 31 日　　单位：元

明细账户	直接材料	直接人工	电费	水费	制造费用	合计
西服	8 320.00	2 400.00	800.00	36.00	1 164.00	12 720.00
针织衫	7 360.00	2 400.00	800.00	39.00	1 241.00	11 840.00
衬衫	3 600.00	1 200.00	300.00	14.00	586.00	5 700.00
风衣	6 240.00	2 400.00	720.00	33.00	1 167.00	10 560.00
合计	25 520.00	8 400.00	2 620.00	122.00	4 158.00	40 820.00

6）广东米奇服饰有限公司 2017 年 8 月 31 日固定资产构成如表 4-8 所示。

表 4-8　固定资产构成表

2017 年 8 月 31 日　　单位：元

固定资产	类型	金额	合计
经营性固定资产	房屋	2 765 760.00	4 609 600.00
	设备	1 843 840.00	
非经营性固定资产	房屋	806 680.00	1 152 400.00
	设备	345 720.00	
合计	—	—	5 762 000.00

7）广东米奇服饰有限公司 2017 年 8 月 31 日无形资产构成如表 4-9 所示。

表 4-9　无形资产构成表

2017 年 8 月 31 日　　单位：元

序号	无形资产	原值	取得方式	取得时间	摊销期限	累计摊销
1	西服专利	90 000.00	自行研发	2016.1.18	5 年	30 000.00

续表

序号	无形资产	原值	取得方式	取得时间	摊销期限	累计摊销
2	风衣专利	60 000.00	购买	2015.8.18	5 年	25 000.00
3	针织衫专利	30 000.00	自行研发	2015.3.6	5 年	15 000.00
4	衬衫专利	30 000.00	购买	2016.1.10	5 年	10 000.00

8）广东米奇服饰有限公司 2017 年 8 月 31 日借款构成如表 4-10 所示。

表 4-10 借款构成表

2017 年 8 月 31 日

借款种类	单位	金额	借款时间	借款期限	利率	还款方式
短期借款	元	861 600.00	2017.2.1	10 个月	6%	按月付息，到期还本
短期借款	元	200 000.00	2017.3.14	10 个月	6%	按月付息，到期还本
长期借款	元	2 320 000.00	2016.3.30	5 年	8%	按月付息，到期还本

3. 预留银行印鉴

预留银行印鉴如图 1-1 所示。

三、经济业务

1）2017 年 9 月 1 日，填写银行本票申请书，向开户行申请签发银行本票，收款人为广东曼琪纺织有限公司，金额为 76 000 元，如图 4-1 所示。

中国工商银行银行本票申请书（存根）　　1

申请日期 2017 年 9 月 1 日　　第 02541 号

受款单位或个人名称	广东曼琪纺织有限公司	本票号码	01456206
申请签发	本票金额（大写） 柒万陆仟元整		¥76 000.00
申请人签章：韩敬冬；广东米奇服饰有限公司财务专用章	中国工商银行银行本票专用章 440162678268453	申请人名称 广东米奇服饰有限公司 申请人地址（或账号）61682674052	
申请人签章	银行出纳　复核	记账	验印

此联由申请人签发单位或个人留存，代替记账凭证

图 4-1　中国工商银行银行本票申请书（存根）

2）2017 年 9 月 1 日，向广东曼琪纺织有限公司购买布料一批，收到增值税专用发票，款项以银行本票支付，布料尚未收到，如图 4-2 和图 4-3 所示。

广东增值税专用发票

（全国统一发票监制章 广东 发票联 国家税务总局监制）

4408241741　　№ 421061441

开票日期：2017 年 9 月 1 日

购货单位	名　称：广东米奇服饰有限公司 纳税人识别号：440162256268024 地 址 、电 话：中山市沙溪建设路 289 号 76327586 开户行及账号：中国工商银行沙溪支行 61682674052				密码区	（略）	
货物或应税劳务、服务名称	规格型号	单位	数量	单价	金额	税率	税额
毛料		米	1 000	33.00	33 000.00	17%	5 610.00
棉布		米	2 500	12.50	31 250.00	17%	5 312.50
合计					¥64 250.00		¥10 922.50
价税合计（大写）	⊗柒万伍仟壹佰柒拾贰元伍角整				（小写）¥75 172.50		
销货单位	名　称：广东曼琪纺织有限公司 纳税人识别号：440305307268034 地 址 、电 话：佛山市顺德南国中路 64 号 83682585 开户行及账号：中国建设银行南国支行 21629413054				备注	广东曼琪纺织有限公司 440305307268034 发票专用章	

第三联　发票联　购货方记账凭证

收款人：张泽林　　复核：李立华　　开票人：陈红娜　　销货单位：（章）

图 4-2　广东增值税专用发票（发票联）

收 据

No 0001341

2017年9月1日

今收到 广东米奇服饰有限公司交来的银行本票一张。

金额（大写）：⊗拾柒万陆仟零佰零拾零元零角零分（¥76 000.00）

广东曼琪纺织有限公司 440305307268034 收款专用章

第一联 交付款人

会计主管：陈莉　　复核：李立华　　收款人：张泽林　　单位盖章

图4-3 收据

3）2017年9月4日，向广东曼琪纺织有限公司购买的毛料、棉布到达，验收合格入库，如图4-4所示。

收 料 单

2017年9月4日　　收字第01401号

材料名称	规格型号	单位	应收数量	实收数量	金额/元
毛料		米	1 000	1 000	33 000.00
棉布		米	2 500	2 500	31 250.00

仓库主管：陈德明　　验收：李怡华　　收料：朱永材

图4-4 收料单

4）2017年9月4日，向广东祥丰布业有限公司采购布料一批，收到增值税专用发票，款项已付，布料尚未收到，如图4-5和图4-6所示。

广东增值税专用发票

全国统一发票监制章 广东 国家税务总局监制

4408241741　　发票联　　№ 421061401

开票日期：2017年9月4日

购货单位	名　　称：广东米奇服饰有限公司 纳税人识别号：440162256268024 地址、电话：中山市沙溪建设路289号 76327586 开户行及账号：中国工商银行沙溪支行 61682674052	密码区	（略）				
货物或应税劳务、服务名称	规格型号	单位	数量	单价	金额	税率	税额
锦纶		米	1 000	9.00	9 000.00	17%	1 530.00
腈纶		米	2 000	13.50	27 000.00	17%	4 590.00
合计					¥36 000.00		¥6 120.00
价税合计（大写）	⊗肆万贰仟壹佰贰拾元整				（小写）¥42 120.00		
销货单位	名　　称：广东祥丰布业有限公司 纳税人识别号：440606498268020 地址、电话：江门市江会路172号 82682584 开户行及账号：中国工商银行环市支行 41682543357	备注	广东祥丰布业有限公司 440606498268020 发票专用章				

第三联 发票联 购货方记账凭证

收款人：张泽林　　复核：李立华　　开票人：陈红娜　　销货单位：（章）

图4-5 广东增值税专用发票（发票联）

电汇凭证（回单） 1 No 006890401

第　　号　　　　　　　　　　　　　　　　　　委托日期　　　年　　月　　日

汇款人	全　称			收款人	全　称		
	账　号 或住址				账　号 或住址		
	汇　出 地　点		汇出行 名　称		汇　入 地　点		汇入行 名　称
金额	人民币 （大写）				千 百 十 万 千 百 十 元 角 分		
汇款用途：							
上列款项已根据委托办理，如需查询，请持此回单来行面谈。					（汇出行盖章）		

此联汇出行给汇款人的回单

图 4-6　电汇凭证（回单）

5）2017 年 9 月 4 日，收到广东曼琪纺织有限公司退回的银行本票多余款，如图 4-7 和图 4-8 所示。

中国建设银行支票（粤） GS 04030401

付款期限自出票之日起十天

出票日期（大写）贰零壹柒 年 零玖 月 零肆日　　　付款行名称：中国建设银行南国支行

收款人：广东米奇服饰有限公司　　　出票人账号：21629413054

人民币（大写）	千	百	十	万	千	百	十	元	角	分
捌佰贰拾柒元伍角整					¥	8	2	7	5	0

用途　支付银行本票余款

上列款项请从

我账户内支付

出票人签章　　广东曼琪纺织有限公司财务专用章　　廖琪燕

密码

行号

复核　　　记账

（a）正面

附加信息：	被背书人	被背书人
	背书人签章 年　月　日	背书人签章 年　月　日

（b）背面

图 4-7　中国建设银行支票（粤）

中国工商银行进账单　（回单）　1

年　月　日

出票人	全　称		收款人	全　称											
	账　号			账　号											
	开户银行			开户银行											
金额	人民币（大写）			亿	千	百	十	万	千	百	十	元	角	分	
票据种类		票据张数													
票据号码															
复核　记账				开户银行盖章											

此联是开户银行交给持（出）票人的回单

图 4-8　中国工商银行进账单（回单）

6）2017 年 9 月 5 日，收到广东千秋服饰有限公司汇来的货款，如图 4-9 所示。

电 汇 凭 证　（收账通知）　4　No 006383941

第 0211 号　　委托日期　2017 年 9 月 5 日

汇款人	全　称	广东千秋服饰有限公司			收款人	全　称	广东米奇服饰有限公司								
	账　号或住址	11634153054				账　号或住址	61682674052								
	汇　出地　点	广东省珠海市	汇出行名　称	中国工商银行花城支行		汇　入地　点	广东省中山市	汇入行名　称	中国工商银行沙溪支行						
金额	人民币（大写）	壹拾贰万元整				千	百	十	万	千	百	十	元	角	分
							¥	1	2	0	0	0	0	0	0
汇款用途：支付货款						中国工商银行股份有限公司 中山沙溪支行 2017.9.5 办讫章 (2)									
上列款项已根据委托办理，如需查询，请持此回单来行面谈。						（汇出行盖章）									

此联汇出行凭以汇出汇款

图 4-9　电汇凭证（收账通知）

7）2017 年 9 月 5 日，向广东祥丰布业有限公司购买的锦纶、腈纶到达，验收合格入库，如图 4-10 所示。

收 料 单

2017 年 9 月 5 日 收字第 01402 号

材料名称	规格型号	单位	应收数量	实收数量	金额/元
锦纶		米	1 000	1 000	9 000.00
腈纶		米	2 000	2 000	27 000.00

仓库主管：陈德明 验收：李怡华 收料：朱永材

图 4-10 收料单

8）2017 年 9 月 5 日，领用材料，投入 500 件西服生产，如图 4-11 所示。

领 料 单

用途：生产西服 2017 年 9 月 5 日 领字第 00241 号

材料名称	规格型号	单位	请领数量	实发数量	金额/元
毛料		米	1 000	1 000	
棉布		米	1 000	1 000	
锦纶		米	1 000	1 000	

仓库主管：陈德明 复核：杨欣梅 发料：朱永材 制单：梁芳

图 4-11 领料单

9）2017 年 9 月 5 日，根据合同向广东千秋服饰有限公司销售西服 200 件、单价为 360 元，针织衫 250 件、单价为 160 元，开出增值税专用发票，款项已收到，如图 4-12～图 4-15 所示。

广东增值税专用发票

4601041141 № 031137401

此联不作报销、扣税凭证使用

开票日期： 年 月 日

<table>
<tr><td>购货单位</td><td colspan="4">名 称：
纳税人识别号：
地 址 、电 话：
开户行及账号：</td><td>密码区</td><td colspan="3">（略）</td><td rowspan="4">第一联 记账联 销货方记账凭证</td></tr>
<tr><td colspan="2">货物或应税劳务、服务名称

合计</td><td>规格型号</td><td>单位</td><td>数量</td><td>单价</td><td>金额</td><td>税率</td><td>税额</td></tr>
<tr><td colspan="2">价税合计（大写）</td><td colspan="7">⊗ （小写）</td></tr>
<tr><td>销货单位</td><td colspan="4">名 称：
纳税人识别号：
地 址 、电 话：
开户行及账号：</td><td>备注</td><td colspan="3"></td></tr>
</table>

收款人：谢丽晴 复核：杨欣梅 开票人：王耀林 销货单位：（章）

图 4-12 广东增值税专用发票（记账联）

中国工商银行支票（粤）　　**GS 13853041**

付款期限自出票之日起十天

出票日期（大写）贰零壹柒 年 零玖 月 零伍 日　　付款行名称：中国工商银行花城支行

收款人：广东米奇服饰有限公司　　出票人账号：11634153054

人民币（大写）	壹拾叁万壹仟零肆拾元整	千	百	十	万	千	百	十	元	角	分
			¥	1	3	1	0	4	0	0	0

用途 支付货款

上列款项请从

我账户内支付

出票人签章　　广东千秋服饰有限公司财务专用章　　范锐德

密码

行号

复核　　记账

（a）正面

附加信息：	被背书人	被背书人
	背书人签章 年 月 日	背书人签章 年 月 日

（b）背面

图 4-13　中国工商银行支票（粤）

中国工商银行进账单　（回单）　　1

年　月　日

出票人	全　称		收款人	全　称	
	账　号			账　号	
	开户银行			开户银行	

金额	人民币（大写）	亿	千	百	十	万	千	百	十	元	角	分

票据种类		票据张数		
票据号码				
复核　记账				开户银行盖章

此联是开户银行交给持（出）票人的回单

图 4-14　中国工商银行进账单（回单）

产品出库单

2017 年 9 月 5 日　　第 3441 号

产品名称	规格	型号	单位	数量	单位成本	金额/元
西服			件	200		
针织衫			件	250		

仓库主管：陈德明　　复核：杨欣梅　　发货：朱永材　　制单：梁芳

图 4-15　产品出库单

10）2017 年 9 月 5 日，领用材料，投入 1 000 件针织衫生产，如图 4-16 所示。

领　料　单

用途：生产针织衫　　2017 年 9 月 5 日　　领字第 00242 号

材料名称	规格型号	单位	请领数量	实发数量	金额/元
腈纶		米	2 000	2 000	
棉布		米	1 500	1 500	

仓库主管：陈德明　　复核：杨欣梅　　发料：朱永材　　制单：梁芳

图 4-16　领料单

11）2017 年 9 月 5 日，向广东伟奇布业有限公司购买棉布 1000 米、亚麻 1600 米，款项已付，材料已验收入库，如图 4-17～图 4-19 所示。

4401281287

广东增值税专用发票

发票联

№ 432363031

开票日期：2017 年 9 月 5 日

购货单位	名　　称：广东米奇服饰有限公司 纳税人识别号：440162256268024 地 址 、电 话：中山市沙溪建设路 289 号 76327586 开户行及账号：中国工商银行沙溪支行 61682674052				密码区	（略）		
货物或应税劳务、服务名称		规格型号	单位	数量	单价	金额	税率	税额
棉布			米	1 000	13.00	13 000.00	17%	2 210.00
亚麻			米	1 600	15.00	24 000.00	17%	4 080.00
合计						¥37 000.00		¥6 290.00
价税合计（大写）	⊗肆万叁仟贰佰玖拾元整					（小写）¥43 290.00		
销货单位	名　　称：广东伟奇布业有限公司 纳税人识别号：440101568268026 地 址 、电 话：广州市工业大道 62 号 56672584 开户行及账号：中国农业银行工业支行 11606313052				备注	广东伟奇布业有限公司 440101568268026 发票专用章		

第三联 发票联 购货方记账凭证

收款人：张佳纯　　复核：李丽芬　　开票人：尚晓娜　　销货单位：（章）

图 4-17　广东增值税专用发票（发票联）

中国工商银行支票存根（粤）

GS 02034041

附加信息

出票日期 年 月 日

收款人：

金 额：

用 途：

单位主管 会计

付款期限自出票之日起十天

中国工商银行支票（粤） GS 02034041

出票日期（大写） 年 月 日 付款行名称：

收款人： 出票人账号：

人民币（大写）	千	百	十	万	千	百	十	元	角	分

用途

上列款项请从

我账户内支付

出票人签章

广东米奇服饰有限公司财务专用章

韩敬冬

密码

行号

复核 记账

（a）正面

附加信息：

被背书人

背书人签章

年 月 日

被背书人

背书人签章

年 月 日

（粘贴单处）

根据《中华人民共和国票据法》等法律法规的规定，签发空头支票由中国人民银行处以票面金额 5%但不低于 1000 元的罚款。

（b）背面

图 4-18 中国工商银行支票（粤）

收 料 单

2017 年 9 月 5 日 收字第 01403 号

材料名称	规格型号	单位	应收数量	实收数量	金额/元
棉布		米	1 000	1 000	13 000.00
亚麻		米	1 600	1 600	24 000.00

仓库主管：陈德明 验收：李怡华 收料：朱永材

图 4-19 收料单

12）2017 年 9 月 7 日，向广东祥丰布业有限公司采购布料一批，收到增值税专用发票，以商业承兑汇票支付，布料尚未收到，如图 4-20 和图 4-21 所示。

4408241741 **广东增值税专用发票** №421061341

（发票联）

开票日期：2017年9月7日

购货单位	名　　称：广东米奇服饰有限公司 纳税人识别号：440162256268024 地址、电话：中山市沙溪建设路289号 76327586 开户行及账号：中国工商银行沙溪支行 61682674052			密码区	（略）		
货物或应税劳务、服务名称	规格型号	单位	数量	单价	金额	税率	税额
锦纶		米	1 500	8.50	12 750.00	17%	2 167.50
涤纶		米	1 600	11.00	17 600.00	17%	2 992.00
合计					¥30 350.00		¥5 159.50
价税合计（大写）	⊗叁万伍仟伍佰零玖元伍角整				（小写）¥35 509.50		
销货单位	名　　称：广东祥丰布业有限公司 纳税人识别号：440606498268020 地址、电话：江门市江会路172号 82682584 开户行及账号：中国工商银行环市支行 41682543357			备注	广东祥丰布业有限公司 440606498268020 发票专用章		

第三联 发票联 购货方记账凭证

收款人：张泽林　　复核：李立华　　开票人：陈红娜　　销货单位：（章）

图4-20 广东增值税专用发票（发票联）

商业承兑汇票 3

出票日期（大写）：贰零壹柒年零玖月零柒日　　汇票号码：0136341

付款人	全称	广东米奇服饰有限公司	收款人	全称	广东祥丰布业有限公司	
	账号	61682674052		账号	41682543357	
	开户银行	中国工商银行沙溪支行		开户银行	中国工商银行环市支行	行号 22472
出票金额	人民币（大写）	叁万伍仟伍佰零玖元伍角整			亿千百十万千百十元角元：¥3550950	
汇票到期日（大写）	贰零壹柒年壹拾壹月零柒日		付款人开户行	行号	21683	
交易合同号码	T04841			地址	中山市沙溪建设路289号	
本汇票已经承兑，到期无条件支付票款。 韩敬冬　广东米奇服饰有限公司财务专用章 承兑人签章 2017年9月7日			本汇票请予以承兑于到期日付款。 韩敬冬　广东米奇服饰有限公司财务专用章 出票人签章			

此联签发人（出票人）留存

图4-21 商业承兑汇票

13）2017 年 9 月 8 日，向广东祥丰布业有限公司购买的锦纶、涤纶收到，验收合格入库，如图 4-22 所示。

收 料 单

2017 年 9 月 8 日　　　　收字第 01404 号

材料名称	规格型号	单位	应收数量	实收数量	金额/元
锦纶		米	1 500	1 500	12 750.00
涤纶		米	1 600	1 600	17 600.00

仓库主管：陈德明　　　　验收：李怡华　　　　收料：朱永材

图 4-22　收料单

14）2017 年 9 月 8 日，收到广东祥美服饰有限公司支付的前欠货款，如图 4-23 和图 4-24 所示。

中国银行支票（粤）　　　　**GS 03865436**

付款期限自出票之日起十天

出票日期（大写）贰零壹柒 年 零玖 月 零捌 日　　　　付款行名称：中国银行沙溪支行

收款人：广东米奇服饰有限公司　　　　出票人账号：61722683058

人民币（大写）	千	百	十	万	千	百	十	元	角	分
捌万元整			¥	8	0	0	0	0	0	0

用途 支付货款　　　　密码

上列款项请从　　广东祥美服饰有限公司财务专用章　　李建祥　　行号

我账户内支付

出票人签章　　　　复核　　　　记账

（a）正面

附加信息：	被背书人	被背书人
	背书人签章 年 月 日	背书人签章 年 月 日

（b）背面

图 4-23　中国银行支票（粤）

中国工商银行进账单 （回单） 1

年 月 日

出票人	全 称		收款人	全 称	
	账 号			账 号	
	开户银行			开户银行	

金额	人民币（大写）	亿	千	百	十	万	千	百	十	元	角	分

票据种类		票据张数		
票据号码				
复核	记账			开户银行盖章

此联是开户银行交给持（出）票人的回单

图 4-24 中国工商银行进账单

15）2017 年 9 月 8 日，根据合同向广东秋实服饰有限公司销售衬衫 300 件、单价为 90 元，风衣 250 件、单价为 200 元，开出增值税专用发票，款项已收妥，如图 4-25～图 4-27 所示。

4601041141

广东增值税专用发票

№ 031137402

此联不作报销、扣税凭证使用

开票日期： 年 月 日

购货单位	名 称： 纳税人识别号： 地 址 、 电 话： 开户行及账号：				密码区	（略）	
货物或应税劳务、服务名称	规格型号	单位	数量	单价	金额	税率	税额
合计							
价税合计（大写）	⊗				（小写）		
销货单位	名 称： 纳税人识别号： 地 址 、 电 话： 开户行及账号：				备注		

收款人：谢丽晴 复核：杨欣梅 开票人：王耀林 销货单位：（章）

第一联 记账联 销货方记账凭证

图 4-25 广东增值税专用发票（记账联）

电 汇 凭 证 （收账通知） 4 No 006843941

第 0401 号 委托日期 2017 年 9 月 8 日

<table>
<tr><td rowspan="3">汇款人</td><td>全 称</td><td colspan="3">广东秋实服饰有限公司</td><td rowspan="3">收款人</td><td>全 称</td><td colspan="10">广东米奇服饰有限公司</td></tr>
<tr><td>账 号
或住址</td><td colspan="3">31676243355</td><td>账 号
或住址</td><td colspan="10">61682674052</td></tr>
<tr><td>汇 出
地 点</td><td>广东省
佛山市</td><td>汇出行
名 称</td><td>中国银行
福贤支行</td><td>汇 入
地 点</td><td>广东省
中山市</td><td>汇入行
名 称</td><td colspan="8">中国工商银行
沙溪支行</td></tr>
<tr><td rowspan="2">金额</td><td rowspan="2">人民币
（大写）</td><td colspan="4" rowspan="2">玖万零玖拾元整</td><td>千</td><td>百</td><td>十</td><td>万</td><td>千</td><td>百</td><td>十</td><td>元</td><td>角</td><td>分</td></tr>
<tr><td></td><td></td><td>¥</td><td>9</td><td>0</td><td>0</td><td>9</td><td>0</td><td>0</td><td>0</td></tr>
<tr><td colspan="6">汇款用途：支付货款
上列款项已根据委托办理，如需查询，请持此回单来行面谈。</td><td colspan="11">中国工商银行股份有限公司
中山沙溪支行
2017.9.8
办讫章
（2）
（汇出行盖章）</td></tr>
</table>

此联汇出行凭以汇出汇款

图 4-26 电汇凭证（收账通知）

产品出库单

2017 年 9 月 8 日 第 3442 号

产品名称	规格	型号	单位	数量	单位成本	金额/元
衬衫			件	300		
风衣			件	250		

仓库主管：陈德明 复核：杨欣梅 发货：朱永材 制单：梁芳

图 4-27 产品出库单

16）2017 年 9 月 11 日，领用材料，投入 1 000 件衬衫、800 件风衣生产，如图 4-28 和图 4-29 所示。

领 料 单

用途：生产衬衫 2017 年 9 月 11 日 领字第 00243 号

材料名称	规格型号	单位	请领数量	实发数量	金额/元
锦纶		米	1 500	1 500	
棉布		米	1 000	1 000	

仓库主管：陈德明 复核：杨欣梅 发料：朱永材 制单：梁芳

图 4-28 领料单（生产衬衫）

领 料 单

用途：生产风衣 2017 年 9 月 11 日 领字第 00244 号

材料名称	规格型号	单位	请领数量	实发数量	金额/元
亚麻		米	1 600	1 600	
涤纶		米	1 600	1 600	

仓库主管：陈德明 复核：杨欣梅 发料：朱永材 制单：梁芳

图 4-29 领料单（生产风衣）

17）2017 年 9 月 12 日，向广东耐永包装材料有限公司购买包装纸箱 1 000 个，收到增值税专用发票，包装纸箱已验收入库，开出支票支付包装纸箱款，如图 4-30～图 4-32 所示。

广东增值税专用发票

4401651282　　　　发　票　联　　　　№ 521363041

开票日期：2017 年 9 月 12 日

购货单位	名　　称：广东米奇服饰有限公司 纳税人识别号：440162256268024 地 址 、 电话：中山市沙溪建设路 289 号 76327586 开户行及账号：中国工商银行沙溪支行 61682674052				密码区	（略）	
货物或应税劳务、服务名称	规格型号	单位	数量	单价	金额	税率	税额
包装纸箱		个	1 000	1.20	1 200.00	17%	204.00
合计					¥1 200.00		¥204.00
价税合计（大写）	⊗壹仟肆佰零肆元整				（小写）¥1 404.00		
销货单位	名　　称：广东耐永包装材料有限公司 纳税人识别号：440166837468021 地 址 、 电话：中山市沙溪工业大道 32 号 76315833 开户行及账号：中国银行沙溪支行 61653474057				备注	广东耐永包装材料有限公司 440166837468021 发票专用章	

第三联　发票联　购货方记账凭证

收款人：欧阳彬　　复核：林丽珊　　开票人：陈晓虹　　销货单位：（章）

图 4-30　广东增值税专用发票（发票联）

包装物入库单

2017 年 9 月 12 日　　　　收字第 02241 号

包装物名称	规格型号	单位	应收数量	实收数量	金额/元
包装纸箱		个	1 000	1 000	1 200.00

仓库主管：陈德明　　验收：李怡华　　收料：朱永材

图 4-31　包装物入库单

中国工商银行支票存根（粤）
GS 02034042
附加信息
出票日期　　年　月　日
收款人：
金　额：
用　途：
单位主管　　会计

中国工商银行支票（粤）　GS 02034042
出票日期（大写）　　年　　月　　日　　付款行名称：
收款人：　　出票人账号：

人民币（大写）	千	百	十	万	千	百	十	元	角	分

付款期限自出票之日起十天
用途________　　密码________
上列款项请从我账户内支付　　行号________
出票人签章　　广东米奇服饰有限公司财务专用章　　韩敬冬
复核　　记账

（a）正面

图 4-32　中国工商银行支票（粤）

附加信息：	被背书人	被背书人	（粘贴单处）	根据《中华人民共和国票据法》等法律法规的规定，签发空头支票由中国人民银行处以票面金额5%但不低于1 000元的罚款。
	背书人签章 年 月 日	背书人签章 年 月 日		

（b）背面

图4-32（续）

18）2017年9月13日，车间在产品库领用包装纸箱，如图4-33所示。

包装物出库单

用途：包装　　2017年9月13日　　领字第2241号

名称及规格	单位	请领数量	实发数量	单价/元	金额/元
包装纸箱	个	800	800	1.20	960.00

仓库主管：陈德明　　复核：杨欣梅　　发料：朱永材　　制单：梁芳

图4-33　包装物出库单

19）2017年9月14日，西服520件完工，验收合格入库，如图4-34所示。

产成品入库单

2017年9月14日　　收字第401号

产品名称	规格型号	单位	应收数量	实收数量	金额/元
西服		件	520	520	

仓库主管：陈德明　　复核：朱永材　　验收：李怡华　　制单：梁芳

图4-34　产成品入库单（西服）

20）2017年9月15日，针织衫1 000件完工，验收合格入库，如图4-35所示。

产成品入库单

2017年9月15日　　收字第402号

产品名称	规格型号	单位	应收数量	实收数量	金额/元
针织衫		件	1 000	1 000	

仓库主管：陈德明　　复核：朱永材　　验收：李怡华　　制单：梁芳

图4-35　产成品入库单（针织衫）

21）2017 年 9 月 15 日，根据合同向广东万邦服饰有限公司销售西服 500 件、单价为 360 元，针织衫 800 件、单价为 160 元。考虑到销售量较大，给予九八折优惠，开出增值税专用发票，款项已收妥，如图 4-36～图 4-38 所示。

广东增值税专用发票

4601041141　　　　此联不作报销、扣税凭证使用　　　　№ 031137403

开票日期：　　年　　月　　日

购货单位	名　　称： 纳税人识别号： 地 址 、电 话： 开户行及账号：				密码区	（略）		
货物或应税劳务、服务名称 合计	规格型号	单位	数量	单价	金额	税率	税额	
价税合计（大写）	⊗				（小写）			
销货单位	名　　称： 纳税人识别号： 地 址 、电 话： 开户行及账号：				备注			

第一联 记账联 销货方记账凭证

收款人：谢丽晴　　复核：杨欣梅　　开票人：王耀林　　销货单位：（章）

图 4-36　广东增值税专用发票（记账联）

托收凭证（收账通知）　　4

付款期限	年　月　日

委托日期：　　年　　月　　日

业务类型	委托收款（□邮划、□电划）			托收承付（□邮划、□电划）			
付款人	全 称			收款人	全 称		
	账 号				账 号		
	地 址	省　市/县	开户行		地 址	省　市/县	开户行
金额	人民币（大写）				亿 千 百 十 万 千 百 十 元 角 分		
款项内容		托收凭据名称		附寄单证张数			
商品发运情况				合同名称号码			
备注： 复核　记账		款项收妥日期： 年　月　日		中国工商银行股份有限公司 中山沙溪支行 2017.9.15 办讫章 （4） 收款人开户银行签章			

此联作收款人开户银行给收款人的收账通知

图 4-37　托收凭证（收账通知）

产品出库单

2017年9月15日　　　　第 3443 号

产品名称	规格	型号	单位	数量	单位成本	金额/元
西服			件	500		
针织衫			件	800		

仓库主管：陈德明　　　复核：杨欣梅　　　发货：朱永材　　　制单：梁芳

图 4-38　产品出库单

22）2017年9月15日，向广东伟奇布业有限公司购买毛料900米、棉布2 700米、亚麻1 200米，款项以银行承兑汇票支付，如图4-39和图4-40所示。

4401281287

广东增值税专用发票

（全国统一发票监制章 国家税务总局监制）

发　票　联

№ 432363041

开票日期：2017年09月15日

购货单位	名　　　称：广东米奇服饰有限公司 纳税人识别号：440162256268024 地 址 、电 话：中山市沙溪建设路289号 76327586 开户行及账号：中国工商银行沙溪支行 61682674052
密码区	（略）

货物或应税劳务、服务名称	规格型号	单位	数量	单价	金额	税率	税额
毛料		米	900	34.00	30 600.00	17%	5 202.00
棉布		米	2 700	11.50	31 050.00	17%	5 278.50
亚麻		米	1 200	17.00	20 400.00	17%	3 468.00
合计					¥82 050.00		¥13 948.50
价税合计（大写）	⊗玖万伍仟玖佰玖拾捌元伍角整				（小写）¥95 998.50		

销货单位	名　　　称：广东伟奇布业有限公司 纳税人识别号：440101568268026 地 址 、电 话：广州市工业大道62号 56672584 开户行及账号：中国农业银行工业支行 11606313052
备注	（广东伟奇布业有限公司 440101568268026 发票专用章）

第三联　发票联　购货方记账凭证

收款人：张佳纯　　　复核：李丽芬　　　开票人：尚晓娜　　　销货单位：（章）

图 4-39　广东增值税专用发票（发票联）

银行承兑汇票　　4

出票日期（大写）：贰零壹柒年零玖月壹拾伍日　　汇票号码：0143892

出票人全称	广东米奇服饰有限公司	收款人	全　称	广东伟奇布业有限公司
出票人账号	61682674052		账　号	11606313052
付款行全称	中国工商银行沙溪支行		开户银行	中国农业银行工业支行　行号 02736
出票金额	人民币（大写） 玖万伍仟玖佰玖拾捌元伍角整			
汇票到期日（大写）	贰零壹柒年壹拾壹月壹拾伍日	付款行	行号	21683
承兑协议编号	0020119441		地址	中山市沙溪建设路289号

亿	千	百	十	万	千	百	十	元	角	元
			¥	9	5	9	9	8	5	0

本汇票请你行承兑，此项汇票款我单位承兑协议于到期日前足额交存银行，到期请予以支付。

广东米奇服饰有限公司财务专用章　　韩敬冬

出票人签章

本汇票已承兑，到期由本行承付。

承兑行签章：

承兑日期：2017.9.15

备注：

中国工商银行银行承兑汇票专用章 440162678268453

复核　　记账

此联作为签发单位记账凭证附件

图4-40　银行承兑汇票

23）2017年9月18日，向广东伟奇布业有限公司购买的毛料、棉布和亚麻到达，验收合格入库，如图4-41所示。

收　料　单

2017年9月18日　　收字第01405号

材料名称	规格型号	单位	应收数量	实收数量	金额/元
毛料		米	900	900	30 600.00
棉布		米	2 700	2 700	31 050.00
亚麻		米	1 200	1 200	20 400.00

仓库主管：陈德明　　验收：李怡华　　收料：朱永材

图4-41　收料单

24）2017年9月18日，向广东祥丰布业有限公司采购布料一批，收到增值税专用发票，开出支票支付材料款，布料尚未收到，如图4-42和图4-43所示。

4408241741

广东增值税专用发票

全国统一发票监制章 国家税务总局监制

发票联

№ 421061404

开票日期：2017年9月18日

购货单位	名　　称：广东米奇服饰有限公司 纳税人识别号：440162256268024 地 址、电话：中山市沙溪建设路289号 76327586 开户行及账号：中国工商银行沙溪支行 61682674052			密码区	（略）		
货物或应税劳务、服务名称	规格型号	单位	数量	单价	金额	税率	税额
锦纶		米	2 300	8.50	19 550.00	17%	3 323.50
腈纶		米	1 100	13.00	14 300.00	17%	2 431.00
涤纶		米	1 200	10.50	12 600.00	17%	2 142.00
合计					¥46 450.00		¥7 896.50
价税合计（大写）	⊗伍万肆仟叁佰肆拾陆元伍角整				（小写）¥54 346.50		
销货单位	名　　称：广东祥丰布业有限公司 纳税人识别号：440606498268020 地 址、电话：江门市江会路172号 82682584 开户行及账号：中国工商银行环市支行 41682543357			备注	广东祥丰布业有限公司 440606498268020 发票专用章		

第三联 发票联 购货方记账凭证

收款人：张泽林　　复核：李立华　　开票人：陈红娜　　销货单位：（章）

图4-42　广东增值税专用发票（发票联）

中国工商银行支票存根（粤）

GS 02034043

附加信息

出票日期　　年　月　日

收款人：

金　额：

用　途：

单位主管　　会计

付款期限自出票之日起十天

中国工商银行支票（粤）　　GS 02034043

出票日期（大写）　　年　月　日　　付款行名称：

收款人：　　出票人账号：

人民币（大写）	千	百	十	万	千	百	十	元	角	分

用途

上列款项请从

我账户内支付

出票人签章

广东米奇服饰有限公司财务专用章

韩敬冬

密码

行号

复核　　记账

（a）正面

附加信息：	被背书人	被背书人	（粘贴单处）
	背书人签章 年　月　日	背书人签章 年　月　日	根据《中华人民共和国票据法》等法律法规的规定，签发空头支票由中国人民银行处以票面金额5%但不低于1 000元的罚款。

（b）背面

图4-43　中国工商银行支票（粤）

25）2017 年 9 月 19 日，向祥丰布业有限公司购买的锦纶、腈纶与涤纶到达，验收入库，验收发现锦纶布短缺 100 米，原因待查，如图 4-44 所示。

收 料 单

2017 年 9 月 19 日　　收字第 01406 号

材料名称	规格型号	单位	应收数量	实收数量	金额（元）	备注
锦纶		米	2 300	2 200	18 700.00	锦纶短缺 100 米，原因待查（价值 850 元，进项税额 144.5 元）
腈纶		米	1 100	1 100	14 300.00	
涤纶		米	1 200	1 200	12 600.00	

仓库主管：陈德明　　验收：李怡华　　收料：朱永材

图 4-44　收料单

26）2017 年 9 月 19 日，领用材料，投入 420 件西服、560 件针织衫生产，如图 4-45 和图 4-46 所示。

领 料 单

用途：生产西服　　2017 年 9 月 19 日　　领字第 00245 号

材料名称	规格型号	单位	请领数量	实发数量	金额/元
毛料		米	840	840	
棉布		米	840	840	
锦纶		米	840	840	

仓库主管：陈德明　　复核：杨欣梅　　发料：朱永材　　制单：梁芳

图 4-45　领料单（生产西服）

领 料 单

用途：生产针织衫　　2017 年 9 月 19 日　　领字第 00246 号

材料名称	规格型号	单位	请领数量	实发数量	金额/元
腈纶		米	1 120	1 120	
棉布		米	840	840	

仓库主管：陈德明　　复核：杨欣梅　　发料：朱永材　　制单：梁芳

图 4-46　领料单（生产针织衫）

27）2017 年 9 月 19 日，衬衫 1050 件完工，验收合格入库；风衣 800 件完工，经检验 790 件合格入库，另 10 件为可修复损失，如图 4-47 所示。

产成品入库单

2017 年 9 月 19 日　　收字第 403 号

产品名称	规格型号	单位	应收数量	实收数量	备注
衬衫		件	1 050	1 050	10 件风衣为可修复损失
风衣		件	800	790	

仓库主管：陈德明　　复核：朱永材　　验收：李怡华　　制单：梁芳

图 4-47　产成品入库单

28）2017年9月20日，经核实，9月19日短缺的100米锦纶布，系广东祥丰布业有限公司少发所致，当天收到广东祥丰布业有限公司补发的100米锦纶布，已验收入库，如图4-48所示。

收　料　单

2017年9月20日　　　　收字第01407号

材料名称	规格型号	单位	应收数量	实收数量	金额/元	备注
锦纶		米	100	100	850.00	进项税额144.5元

仓库主管：陈德明　　　　验收：李怡华　　　　收料：朱永材

图4-48　收料单

29）2017年9月20日，领用材料，投入10件可修复风衣的修复，如图4-49所示。

领　料　单

用途：修复风衣　　　　2017年9月20日　　　　领字第00247号

材料名称	规格型号	单位	请领数量	实发数量	金额/元
亚麻		米	10	10	

仓库主管：陈德明　　　　复核：杨欣梅　　　　发料：朱永材　　　　制单：梁芳

图4-49　领料单（修复风衣）

30）2017年9月20日，领用材料，投入950件衬衫生产；投入580件风衣生产，如图4-50和图4-51所示。

领　料　单

用途：生产衬衫　　　　2017年9月20日　　　　领字第00248号

材料名称	规格型号	单位	请领数量	实发数量	金额/元
锦纶		米	1 425	1 425	
棉布		米	950	950	

仓库主管：陈德明　　　　复核：杨欣梅　　　　发料：朱永材　　　　制单：梁芳

图4-50　领料单（生产衬衫）

领　料　单

用途：生产风衣　　　　2017年9月20日　　　　领字第00249号

材料名称	规格型号	单位	请领数量	实发数量	金额/元
亚麻		米	1 160	1 160	
涤纶		米	1 160	1 160	

仓库主管：陈德明　　　　复核：杨欣梅　　　　发料：朱永材　　　　制单：梁芳

图4-51　领料单（生产风衣）

31）2017 年 9 月 20 日，根据合同向广东千姿服饰有限公司销售衬衫 1 000 件、单价为 88 元，销售风衣 800 件、单价为 195 元，开出增值税专用发票，款项未收，如图 4-52 和图 4-53 所示。

4601041141　　**广东增值税专用发票**　　№ 031137404

此联不作报销、扣税凭证使用

开票日期：　年　月　日

购货单位	名　　称： 纳税人识别号： 地址 、 电话： 开户行及账号：				密码区	（略）		
货物或应税劳务、服务名称	规格型号	单位	数量	单价	金额	税率	税额	
合计								
价税合计（大写）	⊗				（小写）			
销货单位	名　　称： 纳税人识别号： 地址 、 电话： 开户行及账号：				备注			

第一联　记账联　销货方记账凭证

收款人：谢丽晴　　复核：杨欣梅　　开票人：王耀林　　销货单位：（章）

图 4-52　广东增值税专用发票（记账联）

产品出库单

2017 年 9 月 20 日　　第 3444 号

产品名称	规格	型号	单位	数量	单位成本	金额/元
衬衫			件	1 000		
风衣			件	800		

仓库主管：陈德明　　复核：杨欣梅　　发货：朱永材　　制单：梁芳

图 4-53　产品出库单

32）2017 年 9 月 21 日，风衣 10 件修复完工，验收合格入库，如图 4-54 所示。

产成品入库单

2017 年 9 月 21 日　　收字第 404 号

产品名称	规格型号	单位	应收数量	实收数量	金额/元
风衣		件	10	10	

仓库主管：陈德明　　复核：朱永材　　验收：李怡华　　制单：梁芳

图 4-54　产成品入库单

33）2017 年 9 月 22 日，企业管理办公室领用包装纸箱，如图 4-55 所示。

包装物出库单

用途：管理办公室用　　　　2017 年 9 月 22 日　　　　领字第 2401 号

名称及规格	单位	请领数量	实发数量	单价/元	金额/元
包装纸箱	个	100	100	1.20	120.00

仓库主管：陈德明　　　　复核：杨欣梅　　　　发料：朱永材　　　　制单：梁芳

图 4-55　包装物出库单

34）2017 年 9 月 22 日，支付前欠广东嘉意纺织机械有限公司的设备款 250 000 元，如图 4-56 所示。

电 汇 凭 证（回单）　　1　　No 006890401

第　　号　　　　委托日期　　年　　月　　日

<table>
<tr><td rowspan="3">汇款人</td><td>全　称</td><td colspan="3"></td><td rowspan="3">收款人</td><td>全　称</td><td colspan="10"></td></tr>
<tr><td>账　号
或住址</td><td colspan="3"></td><td>账　号
或住址</td><td colspan="10"></td></tr>
<tr><td>汇 出
地 点</td><td></td><td>汇出行
名　称</td><td></td><td>汇 入
地 点</td><td colspan="3"></td><td colspan="3">汇入行
名　称</td><td colspan="4"></td></tr>
<tr><td rowspan="2">金额</td><td rowspan="2">人民币
（大写）</td><td colspan="4" rowspan="2"></td><td>千</td><td>百</td><td>十</td><td>万</td><td>千</td><td>百</td><td>十</td><td>元</td><td>角</td><td>分</td><td></td></tr>
<tr><td></td><td></td><td></td><td></td><td></td><td></td><td></td><td></td><td></td><td></td><td></td></tr>
<tr><td colspan="6">汇款用途：</td><td colspan="11" rowspan="2">（汇出行盖章）</td></tr>
<tr><td colspan="6">上列款项已根据委托办理，如需查询，请持此回单来行面谈。</td></tr>
</table>

此联汇出行给汇款人的回单

图 4-56　电汇凭证（回单）

35）2017 年 9 月 22 日，企业仓库（指企业单独设置的，用于保管产成品和材料的仓库）领用包装纸箱，如图 4-57 所示。

包装物出库单

用途：仓库保管用　　　　2017 年 9 月 22 日　　　　领字第 2402 号

名称及规格	单位	请领数量	实发数量	单价/元	金额/元
包装纸箱	个	200	200	1.20	240.00

仓库主管：陈德明　　　　复核：杨欣梅　　　　发料：朱永材　　　　制单：梁芳

图 4-57　包装物出库单

36）2017 年 9 月 22 日，西服 380 件完工，验收合格入库，如图 4-58 所示。

产成品入库单

2017 年 9 月 22 日　　　　收字第 405 号

产品名称	规格型号	单位	应收数量	实收数量	金额/元
西服		件	380	380	

仓库主管：陈德明　　　　复核：朱永材　　　　验收：李怡华　　　　制单：梁芳

图 4-58　产成品入库单（西服）

37）2017 年 9 月 25 日，针织衫 600 件完工，验收合格入库，如图 4-59 所示。

产成品入库单

2017 年 9 月 25 日　　收字第 406 号

产品名称	规格型号	单位	应收数量	实收数量	金额/元
针织衫		件	600	600	

仓库主管：陈德明　　复核：朱永材　　验收：李怡华　　制单：梁芳

图 4-59　产成品入库单（针织衫）

38）2017 年 9 月 25 日，衬衫 850 件完工，验收合格入库，如图 4-60 所示。

产成品入库单

2017 年 9 月 25 日　　收字第 407 号

产品名称	规格型号	单位	应收数量	实收数量	金额/元
衬衫		件	850	850	

仓库主管：陈德明　　复核：朱永材　　验收：李怡华　　制单：梁芳

图 4-60　产成品入库单（衬衫）

39）2017 年 9 月 25 日，企业仓库领用除湿器（列入低值易耗品，采用五五摊销法）6 台，每台 500 元，如图 4-61 和图 4-62 所示。

低值易耗品出库单（财会联）

用途：仓库使用　　2017 年 9 月 25 日　　No 10401

名称及规格	单位	请领数量	实发数量	单价	金额/元
除湿器	台	6	6	500.00	3 000.00

仓库主管：陈德明　　经手人：刘江华　　保管员：朱永材

图 4-61　低值易耗品出库单（财会联）

低值易耗品摊销计算表

用途：仓库使用　　2017 年 9 月 25 日　　单位：元

名称及规格	单位	数量	待摊金额	本期摊销比例	摊销金额
除湿器	台	6	3 000.00	50%	1 500.00

会计主管：郭楚怡　　会计：杨欣梅　　制表：谢丽晴

图 4-62　低值易耗品摊销计算表

40）2017 年 9 月 25 日，9 月 20 日销售给广东千姿服饰有限公司的衬衫，其中有 5 件验收不合格，广东千姿服饰有限公司要求退货。经核查，广东米奇服饰有限公司同意退货，并办妥了相关手续，退回的衬衫已入库，如图 4-63～图 4-66 所示。

销售退回审批单

2017 年 9 月 25 日　　　　单位：元

购买单位	广东千姿服饰有限公司		销售退回原因	其中 5 件衬衫不符合质量要求	
商品名称	销售时间	销售数量	价税金额	退回价款	增值税额
衬衫	2017.9.20	1 000 件	102 960.00	440.00	74.80
风衣	2017.9.20	800 件	182 520.00		
合计	—	—	¥285 480.00	¥440.00	¥74.80

会计主管：郭楚怡　　　　销售主管：王裕峰　　　　制表：梁芳

图 4-63　销售退回审批单

开具红字增值税专用发票信息表

填开日期：2017 年 9 月 25 日

销售方	名称	广东米奇服饰有限公司	购买方	名称	广东千姿服饰有限公司	
	纳税人识别号	440162256268024		纳税人识别号	440506835254026	
开具红字专用发票内容	货物（劳务服务）名称	数量	单价	金额	税率	税额
	衬衫	5	88.00	440.00	17%	74.80
	合计	—	—	¥440.00	—	¥74.80
说明	一、购买方☐ 对应蓝字专用发票抵扣增值税销项税额情况： 1．已抵扣☐ 2．未抵扣☐ 对应蓝字专用发票的代码：__________ 号码：__________ 二、销售方☑ 对应蓝字专用发票的代码：4601041141 号码：031137404					
红字专用发票信息表编号	031137405					

图 4-64　开具红字增值税专用发票信息表

4601041141

广东增值税专用发票

№ 031137405

此联不作报销、扣税凭证使用

开票日期： 年 月 日

购货单位	名称： 纳税人识别号： 地址、电话： 开户行及账号：	密码区	（略）

货物或应税劳务、服务名称	规格型号	单位	数量	单价	金额	税率	税额
合计							
价税合计（大写）	⊗			（小写）			

销货单位	名称： 纳税人识别号： 地址、电话： 开户行及账号：	备注	

第一联 记账联 销货方记账凭证

收款人：谢丽晴 复核：杨欣梅 开票人：王耀林 销货单位：（章）

图 4-65 广东增值税专用发票（记账联）

退回产品入库单

2017 年 9 月 25 日 第 1041 号

产品名称	规格	型号	单位	数量	单价	金额/元
衬衫			件	5		

仓库主管：陈德明 复核：杨欣梅 验收：李怡华 制单：朱永材

图 4-66 退回产品入库单

41）2017 年 9 月 26 日，根据合同向广东千秋服饰有限公司销售西服 300 件、单价为 362 元，针织衫 550 件、单价为 156 元，开出增值税专用发票。合同约定，按含税价款提供现金折扣，现金折扣条件为（2/10，1/20，n/30），如图 4-67 和图 4-68 所示。

4601041141

广东增值税专用发票

№ 031137406

此联不作报销、扣税凭证使用

开票日期： 年 月 日

购货单位	名称： 纳税人识别号： 地址、电话： 开户行及账号：	密码区	（略）

货物或应税劳务、服务名称	规格型号	单位	数量	单价	金额	税率	税额
合计							
价税合计（大写）	⊗			（小写）			

销货单位	名称： 纳税人识别号： 地址、电话： 开户行及账号：	备注	

第一联 记账联 销货方记账凭证

收款人：谢丽晴 复核：杨欣梅 开票人：王耀林 销货单位：（章）

图 4-67 广东增值税专用发票

产品出库单

2017 年 9 月 26 日　　　　第 3445 号

产品名称	规格	型号	单位	数量	单位成本	金额/元
西服			件	300		
针织衫			件	550		

仓库主管：陈德明　　复核：杨欣梅　　发货：朱永材　　制单：梁芳

图 4-68　产品出库单

42）2017 年 9 月 26 日，风衣 600 件完工，验收合格入库，如图 4-69 所示。

产成品入库单

2017 年 9 月 26 日　　　　收字第 408 号

产品名称	规格型号	单位	应收数量	实收数量	金额/元
风衣		件	600	600	

仓库主管：陈德明　　复核：朱永材　　验收：李怡华　　制单：梁芳

图 4-69　产成品入库单

43）2017 年 9 月 28 日，根据合同向广东秋实服饰有限公司销售衬衫 500 件、单价为 89 元，销售风衣 250 件、单价为 205 元，收到广东秋实服饰有限公司开出的银行承兑汇票，如图 4-70～图 4-72 所示。

广东增值税专用发票

4601041141　　　　№ 031137307

此联不作报销、扣税凭证使用

开票日期：　　年　　月　　日

<table>
<tr><td>购货单位</td><td colspan="4">名　　称：
纳税人识别号：
地 址 、电话：
开户行及账号：</td><td>密码区</td><td colspan="3">（略）</td><td rowspan="4">第一联　记账联　销货方记账凭证</td></tr>
<tr><td>货物或应税劳务、服务名称

合计</td><td>规格型号</td><td>单位</td><td>数量</td><td>单价</td><td>金额</td><td>税率</td><td>税额</td></tr>
<tr><td>价税合计（大写）</td><td colspan="7">⊗　　　　（小写）</td></tr>
<tr><td>销货单位</td><td colspan="4">名　　称：
纳税人识别号：
地 址 、电话：
开户行及账号：</td><td>备注</td><td colspan="2"></td></tr>
</table>

收款人：谢丽晴　　复核：杨欣梅　　开票人：王耀林　　销货单位：（章）

图 4-70　广东增值税专用发票（记账联）

银行承兑汇票　　2

出票日期（大写）：贰零壹柒年零玖月贰拾捌日　　　　汇票号码：0143896

<table>
<tr><td>出票人全称</td><td>广东秋实服饰有限公司</td><td rowspan="3">收款人</td><td>全　称</td><td colspan="3">广东米奇服饰有限公司</td></tr>
<tr><td>出票人账号</td><td>31676243355</td><td>账　号</td><td colspan="3">61682674052</td></tr>
<tr><td>付款行全称</td><td>中国银行福贤支行</td><td>开户银行</td><td>中国工商银行沙溪支行</td><td>行号</td><td>21683</td></tr>
<tr><td>出票金额</td><td colspan="3">人民币（大写）　壹拾壹万贰仟零贰拾柒元伍角整</td><td colspan="3">亿 千 百 十 万 千 百 十 元 角 元
　 　 ¥ 1 1 2 0 2 7 5 0</td></tr>
<tr><td>汇票到期日（大写）</td><td>贰零壹柒年壹拾壹月贰拾捌日</td><td rowspan="2">付款行</td><td>行号</td><td colspan="3">12532</td></tr>
<tr><td>承兑协议编号</td><td>0020236436</td><td>地址</td><td colspan="3">佛山市福贤路 136 号</td></tr>
<tr><td colspan="2">本汇票请你行承兑，此项汇票款我单位承兑协议于到期日前足额交存银行，到期请予以支付。
陈婉秋　广东千秋服饰有限公司财务专用章
出票人签章</td><td colspan="2">本汇票已承兑，到期由本行承付。
承兑行签章：
承兑日期：2017.9.28
备注：</td><td colspan="3">中国银行银行承兑汇票专用章 440303443265436
复核　记账</td></tr>
</table>

此联收款人开户行随托收凭证寄付款行作借方凭证附件

图 4-71　银行承兑汇票

产品出库单

2017 年 9 月 28 日　　　　第 3446 号

产品名称	规格	型号	单位	数量	单位成本	金额/元
衬衫			件	500		
风衣			件	250		

仓库主管：陈德明　　复核：杨欣梅　　发货：朱永材　　制单：梁芳

图 4-72　产品出库单

44）2017 年 9 月 28 日，向广东树袋熊服饰有限公司转让衬衫专利权一项，如图 4-73～图 4-75 所示。

无形资产处置单

2017 年 9 月 28 日

<table>
<tr><td rowspan="2">名称</td><td rowspan="2">使用部门</td><td rowspan="2">单位</td><td rowspan="2">数量</td><td colspan="4">资产情况</td><td rowspan="2">备注</td></tr>
<tr><td>取得时间</td><td>原值/元</td><td>已计摊销</td><td>净值/元</td></tr>
<tr><td>衬衫专利</td><td></td><td>项</td><td>1</td><td>2016.1.10</td><td>30 000.00</td><td>10 000.00</td><td>20 000.00</td><td>出售</td></tr>
<tr><td rowspan="4">处置单位</td><td colspan="3" rowspan="4">广东米奇服饰有限公司 440162256268024
单位签章</td><td colspan="5">处置意见</td></tr>
<tr><td colspan="2">管理部门</td><td colspan="2">财务负责人</td><td>企业负责人</td></tr>
<tr><td colspan="2">同意</td><td colspan="2">同意</td><td>同意</td></tr>
<tr><td colspan="2">郑景成</td><td colspan="2">郭楚怡</td><td>韩敬冬</td></tr>
</table>

图 4-73　无形资产处置单

4601041141　　　　**广东增值税专用发票**　　　　№ 031137408

此联不作报销、扣税凭证使用

开票日期：2017 年 09 月 28 日

购货单位	名　　　称：广东树袋熊服饰有限公司 纳税人识别号：44010834691030 地 址 、 电 话：广州市花都新华路 37 号 66966525 开户行及账号：中国农业银行花都支行 11623142619				密码区	（略）	
货物或应税劳务、服务名称	规格型号	单位	数量	单价	金额	税率	税额
衬衫专利		项	1	26 000.00	26 000.00	6%	1 560.00
合计					¥26 000.00		¥1 560.00
价税合计（大写）	⊗贰万柒仟伍佰陆拾圆整				（小写）¥27 560.00		
销货单位	名　　　称：广东米奇服饰有限公司 纳税人识别号：440162256268024 地 址 、 电 话：中山市沙溪建设路 289 号 76327586 开户行及账号：中国工商银行沙溪支行 61682674052				备注		

第一联 记账联 销货方记账凭证

收款人：谢丽晴　　　复核：杨欣梅　　　开票人：王耀林　　　销货单位：（章）

图 4-74　广东增值税专用发票

电 汇 凭 证（收账通知）　　4　　№ 006583946

第 0321 号　　　　委托日期　2017 年 9 月 28 日

汇款人	全　称	广东树袋熊服饰有限公司			收款人	全　称	广东米奇服饰有限公司										
	账　号或住址	11623142619				账　号或住址	61682674052										
	汇　出地　点	广东省广州市	汇出行名　称	中国农业银行花都支行		汇　入地　点	广东省中山市		汇入行名　称			中国工商银行沙溪支行					
金额	人民币（大写）	贰万柒仟伍佰陆拾元整				千	百	十	万	千	百	十	元	角	分		
								¥	2	7	5	6	0	0	0		
汇款用途：支付专利款																	
上列款项已根据委托办理，如需查询，请持此回单来行面谈。						中国工商银行股份有限公司 中山沙溪支行 2017.9.28 办讫章 (2) （汇出行盖章）											

此联汇出行凭以汇出汇款

图 4-75　电汇凭证（收账通知）

45）2017 年 9 月 29 日，收到广东千秋服饰有限公司支付的本月 26 日的货款，如图 4-76～图 4-78 所示。

中国工商银行支票（粤）　　GS 13853441

付款期限自出票之日起十天

出票日期（大写）贰零壹柒 年 零玖 月 贰拾玖 日　　付款行名称：中国工商银行花城支行

收款人：广东米奇服饰有限公司　　出票人账号：11634153054

人民币（大写）	千	百	十	万	千	百	十	元	角	分
贰拾贰万贰仟捌佰玖拾玖元零肆分		¥	2	2	2	8	9	9	0	4

用途 支付货款　　密码

上列款项请从　　行号

我账户内支付

出票人签章　　复核　　记账

广东千秋服饰有限公司财务专用章　　范锐德

（a）正面

附加信息：	被背书人	被背书人
	背书人签章 年 月 日	背书人签章 年 月 日

（b）背面

图 4-76　中国工商银行支票（粤）

中国工商银行进账单　（回单）　　1

年　月　日

出票人	全　称		收款人	全　称	
	账　号			账　号	
	开户银行			开户银行	

金额	人民币（大写）	亿	千	百	十	万	千	百	十	元	角	分

票据种类		票据张数		
票据号码				
复核　　记账				开户银行盖章

此联是开户银行交给持（出）票人的回单

图 4-77　中国工商银行进账单（回单）

现金折扣审批单

2017 年 9 月 29 日　　单位：元

购买单位	广东千秋服饰有限公司		现金折扣条件	(2/10，1/20，n/30)	
商品名称	销售时间	收款时间	价税金额	折扣率	现金折扣
西服	2017.9.26	2017.9.29	127 062.00	2%	2 541.24
针织衫	2017.9.26	2017.9.29	100 386.00	2%	2 007.72
合计	—	—	¥227 448.00	2%	¥4 548.96

会计主管：郭楚怡　　销售主管：王裕峰　　制表：梁芳

图 4-78　现金折扣审批单

46）2017 年 9 月 29 日，计算发出材料成本，采用月末一次加权平均法，如图 4-79 和图 4-80 所示。

发出材料单位成本计算表

2017 年 9 月 29 日　　单位：元

材料名称	期初余额			本期购进				单位成本
	数量	单价	金额	购进时间	数量	单价	金额	
毛料								
棉布								
锦纶								
腈纶								
亚麻								
涤纶								

会计主管：郭楚怡　　复核：杨欣梅　　制表：谢丽晴

图 4-79　发出材料单位成本计算表

发出材料成本汇总表

2017 年 9 月 29 日　　单位：元

商品/用途	毛料			棉布			锦纶			腈纶			亚麻			涤纶			合计
	数量	单价	金额	数量	单价	金额	数量	单价	金额	数量	单价	金额	数量	单价	金额	数量	单价	金额	
西服																			
衬衫																			
针织衫																			
风衣																			
修复风衣																			
合计																			

会计主管：郭楚怡　　复核：杨欣梅　　制表：谢丽晴

图 4-80　发出材料成本汇总表

47）2017年9月29日，计算分配本月工资费用，如图4-81所示。

工资结算汇总表

2017年9月　　单位：元

部门人员或用途	基本工资	加班工资	津贴补贴	奖金	应付工资	代扣款	实发工资
生产西服	24 192.00	7 480.00	10 676.80	11 938.24	54 287.04		
生产针织衫	22 464.00	5 364.00	8 785.60	10 810.08	47 423.68		
生产衬衫	12 664.00	3 564.00	6 785.40	7 810.06	30 823.46		
生产风衣	25 192.00	7 180.00	10 876.90	12 038.38	55 287.28		
车间管理人员	11 236.00	1 759.60	6 406.20	2 172.16	21 573.96		
行政管理人员	11 052.00	1 918.00	3 877.20	2 183.76	19 030.96		
销售人员	14 384.00	2 786.30	2 164.50	1 658.46	20 993.26		
合计	121 184.00	30 051.90	49 572.60	48 611.14	249 419.64		

会计主管：郭楚怡　　复核：杨欣梅　　制表：谢丽晴

图4-81　工资结算汇总表

48）2017年9月29日，计算分配本月电费，如图4-82所示。

电费分配表

2017年9月

部门或用途	用电量/度	单价/（元/度）	应分配电费/元
生产西服	19 980	0.95	
生产针织衫	17 760	0.95	
生产衬衫	8 436	0.95	
生产风衣	18 648	0.95	
车间管理	2 860	0.95	
行政管理	1 620	0.95	
销售机构	2 676	0.95	
合计	71 980	0.95	

会计主管：郭楚怡　　复核：杨欣梅　　制表：谢丽晴

图4-82　电费分配表

49）2017年9月29日，计算分配本月水费，如图4-83所示。

水费分配表

2017年9月

部门或用途	用水量/吨	单价/（元/吨）	应分配水费/元
生产西服	450	1.93	
生产针织衫	400	1.93	
生产衬衫	190	1.93	
生产风衣	420	1.93	
车间管理	166	1.93	
行政管理	106	1.93	
销售机构	124	1.93	
合计	1 856	1.93	

会计主管：郭楚怡　　复核：杨欣梅　　制表：谢丽晴

图4-83　水费分配表

50）2017 年 9 月 29 日，计提本月固定资产折旧，如图 4-84 所示。

折旧计算表

2017 年 9 月　　单位：元

固定资产类型	固定资产价值	月折旧率	月折旧额
生产用固定资产	4 168 000.00	0.85%	35 428.00
非生产用固定资产	1 594 000.00	0.55%	8 767.00
合计	5 762 000.00	—	44 195.00

会计主管：郭楚怡　　复核：杨欣梅　　制表：谢丽晴

图 4-84　折旧计算表

51）2017 年 9 月 29 日，分配结转本月制造费用，如图 4-85 所示。

制造费用分配表

2017 年 9 月

产品项目	分配标准/时	分配率/（元/时）	分配金额/元
生产西服	1 800		
生产针织衫	1 600		
生产衬衫	760		
生产风衣	1 680		
合计	5 840		

会计主管：郭楚怡　　复核：杨欣梅　　制表：谢丽晴

图 4-85　制造费用分配表

52）2017 年 9 月 29 日，分配结转本月废品净损失，如图 4-86 所示。

内部转账单

2017 年 9 月 29 日　　转字第 401 号

摘要	结转科目			转入科目		
	总账科目	明细科目	金额/元	总账科目	明细科目	金额/元
合计						

会计主管：郭楚怡　　会计：杨欣梅　　制表：谢丽晴

图 4-86　内部转账单

53）2017 年 9 月 29 日，计算完工产品成本，如图 4-87～图 4-90 所示。

完工产品成本计算单

2017 年 9 月 29 日

单位：元

产品名称：西服/件

完工产品数量：

项目	直接材料	直接人工	电费	水费	制造费用	其他费用	合计
期初在产品成本							
本月生产费用							
生产费用合计							
完工产品成本							
期末在产品成本							
单位成本							

会计主管：郭楚怡　　复核：杨欣梅　　制表：谢丽晴

图 4-87　完工产品成本计算单（西服）

完工产品成本计算单

2017 年 9 月 29 日

单位：元

产品名称：针织衫/件

完工产品数量：

项目	直接材料	直接人工	电费	水费	制造费用	其他费用	合计
期初在产品成本							
本月生产费用							
生产费用合计							
完工产品成本							
期末在产品成本							
单位成本							

会计主管：郭楚怡　　复核：杨欣梅　　制表：谢丽晴

图 4-88　完工产品成本计算单（针织衫）

完工产品成本计算单

2017 年 9 月 29 日

单位：元

产品名称：衬衫/件

完工产品数量：

项目	直接材料	直接人工	电费	水费	制造费用	其他费用	合计
期初在产品成本							
本月生产费用							
生产费用合计							
完工产品成本							
期末在产品成本							
单位成本							

会计主管：郭楚怡　　复核：杨欣梅　　制表：谢丽晴

图 4-89　完工产品成本计算单（衬衫）

完工产品成本计算单

2017年9月29日　　单位：元

产品名称：风衣/件　　完工产品数量：

项目	直接材料	直接人工	电费	水费	制造费用	其他费用	合计
期初在产品成本							
本月生产费用							
生产费用合计							
完工产品成本							
期末在产品成本							
单位成本							

会计主管：郭楚怡　　复核：杨欣梅　　制表：谢丽晴

图4-90　完工产品成本计算单（风衣）

54）2017年9月29日，计算并结转本月产品销售成本，如图4-91和图4-92所示。

发出产品单位成本计算表

2017年9月29日　　单位：元

产品名称	期初余额			本期完工				加权单位成本
	数量	单位成本	金额	入库时间	数量	单位成本	金额	
西服								
衬衫								
针织衫								
风衣								

会计主管：郭楚怡　　复核：杨欣梅　　制表：谢丽晴

图4-91　发出产品单位成本计算表

产品销售成本汇总表

2017年9月　　单位：元

产品名称	计量单位	销售量	单位成本	总成本
合计				

会计主管：郭楚怡　　会计：杨欣梅　　制单：梁芳

图4-92　产品销售成本汇总表

55）2017 年 9 月 29 日，计算本月应交城市维护建设税（7%）和教育费附加（3%），如图 4-93 所示。

税费计算表

2017 年 9 月 29 日　　单位：元

税（费）种	计税（费）基数	税（费）率	税（费）额	备注
城市维护建设税				
教育费附加				
合计				

会计主管：郭楚怡　　会计：杨欣梅　　制单：梁芳

图 4-93　税费计算表

56）2017 年 9 月 29 日，结转本月损益类账户，如图 4-94～图 4-96 所示。

损益类账户发生额表（结转到本年利润前）

2017 年 9 月　　单位：元

收入类账户	借方发生额	贷方发生额	费用类账户	借方发生额	贷方发生额
合计			合计		

会计主管：郭楚怡　　会计：杨欣梅　　制单：梁芳

图 4-94　损益类账户发生额表（结转到本年利润前）

内部转账单

2017 年 9 月 29 日　　转字第 402 号

摘要	结转科目			转入科目		
	总账科目	明细科目	金额/元	总账科目	明细科目	金额/元
结转收入类账户						
合计						

会计主管：郭楚怡　　会计：杨欣梅　　制单：梁芳

图 4-95　内部转账单（结转收入类账户）

内部转账单

2017 年 9 月 29 日　　转字第 403 号

摘要	结转科目			转入科目		
	总账科目	明细科目	金额/元	总账科目	明细科目	金额/元
结转费用类账户						
合计						

会计主管：郭楚怡　　会计：杨欣梅　　制单：梁芳

图 4-96　内部转账单（结转费用类账户）

57）2017 年 9 月 29 日，计算并结转本月应交所得税，企业所得税税率为 25%，如图 4-97 和图 4-98 所示。

税费计算表

2017 年 9 月 29 日　　单位：元

税（费）种	计税（费）基数	税（费）率	税（费）额	备注
所得税				
合计				

会计主管：郭楚怡　　会计：杨欣梅　　制单：梁芳

图 4-97　税费计算表

内部转账单

2017 年 9 月 29 日　　转字第 404 号

摘要	结转科目			转入科目		
	总账科目	明细科目	金额/元	总账科目	明细科目	金额/元
结转所得税费用						
合计						

会计主管：郭楚怡　　会计：杨欣梅　　制单：梁芳

图 4-98　内部转账单（结转所得税费用）

58）2017 年 9 月 29 日，结转“本年利润”账户余额到“利润分配——未分配利润”账户，如图 4-99 所示。

内部转账单

2017 年 9 月 29 日　　　　转字第 405 号

摘要	结转科目			转入科目		
	总账科目	明细科目	金额/元	总账科目	明细科目	金额/元
结转“本年利润”账户余额						
合计						

会计主管：郭楚怡　　　　会计：杨欣梅　　　　制单：梁芳

图 4-99　内部转账单（结转“本年利润”账户余额）

59）2017 年 9 月 29 日，计提法定盈余公积金，计提比例为 10%，如图 4-100 和图 4-101 所示。

广东米奇服饰有限公司股东大会决议

经股东大会一致同意，形成决议如下：

经股东大会决议批准，广东米奇服饰有限公司决定按税后利润的 10%提取法定盈余公积金。

广东米奇服饰有限公司

董事长：韩敬冬

2017 年 9 月 29 日

图 4-100　计提盈余公积金决议

法定盈余公积金计提表

2017 年 9 月 29 日　　　　单位：元

项目	计提基数	计提比例	计提金额	备注
法定盈余公积				
合计				

会计主管：陈永建　　　　会计：杨欣梅　　　　制单：梁芳

图 4-101　法定盈余公积金计提表

60）2017 年 9 月 29 日，经股东大会决议批准，公司决定向投资者分配现金股利，如图 4-102 所示。

广东米奇服饰有限公司股东大会决议

经股东大会一致同意，形成决议如下：

经股东大会决议批准，广东米奇服饰有限公司决定按各投资者的持股比例向投资者分配现金股利 100 000 元。

广东米奇服饰有限公司
董事长：韩敬冬
2017 年 9 月 29 日

图 4-102　利润分配决议

参 考 文 献

财政部会计资格评价中心，2010．初级会计实务[M]．北京：中国财政经济出版社．
财政部会计资格评价中心，2017．中级会计实务[M]．北京：经济科学出版社．
罗绍明，2013．财务会计实训[M]．北京：科学出版社．
罗绍明，2017．小企业财务会计[M]．上海：立信会计出版社．
罗绍明，2017．小企业财务会计实训[M]．上海：立信会计出版社．